ALIMENTAÇÃO,
ATIVIDADE FÍSICA E SAÚDE

LISE ARON

ALIMENTAÇÃO, ATIVIDADE FÍSICA E SAÚDE

RECEITAS FÁCEIS PARA UM DIA A DIA MAIS SAUDÁVEL

Colaboração

Ana Clara Fabrino Batista
Cássia M. de Toledo Bergamaschi
Claudia de O. G. Mendonça

São Paulo, 2011

Alimentação, atividade física e saúde - receitas fáceis para um dia a dia mais saudável.

Copyright © 2011 by Lise Aron

CIP-BRASIL. CATALOGAÇÃO-NA-FONTE
SINDICATO NACIONAL DOS EDITORES DE LIVROS, RJ

A786a

Aron, Lise

    Alimentação, atividade física e saúde: receitas fáceis para um dia a dia mais saudável / Lise Aron ; colaboração Ana Clara Fabrino, Cássia Bergamaschi, Claudia Guimarães Mendonça. - São Paulo: Phorte, 2011.
    240p.: il.

    ISBN 978-85-7655-286-4

    1. Nutrição. 2. Exercícios físicos. 3. Saúde - Aspectos nutricionais. 4. Qualidade de vida. I. Bergamaschi, Cássia. II. Mendonça, Claudia Guimarães. III. Título.

10-4246.   CDD: 613.2
                        CDU: 613.2

25.08.10 10.09.10   021331

Impresso no Brasil
Printed in Brazil

Para Adriana e sua equipe de natação.

Lise Aron

Exercícios físicos saudáveis exigem uma alimentação adequada.

Prefácio

As pessoas, em todo o mundo, estão cada vez mais conscientes da necessidade e do valor dos exercícios físicos regulares, da prática de esporte e de uma alimentação que, além do prazer, represente nutrição de qualidade. É uma reação saudável ao estilo de vida sedentário imposto especialmente pela vida urbana, que valoriza o tempo e os afazeres que precisam caber dentro dele.

O que nós, médicos, observamos é que nem sempre a prática esportiva é executada de maneira adequada e responsável. As pessoas, pelas mais diversas razões, praticam exercícios com pouca ou até nenhuma orientação profissional. Como exemplos, podemos citar o uso de equipamentos esportivos de forma incorreta, um volume de treino excessivo ou inadequado e uma alimentação deficiente ou mal balanceada.

Finalmente, a pessoa acaba deixando de se exercitar em decorrência de mal-estar, lesões ou baixo rendimento, sendo levada a pensar que não está apta para a prática esportiva.

Tudo isso pode ser evitado, basta que o esportista seja bem orientado, tanto para a prática do exercício, quanto em relação a sua alimentação. Exercícios físicos saudáveis exigem uma alimentação adequada.

O livro *Alimentação, Esporte e Saúde: receitas fáceis e saudáveis para quem pratica atividade física*, escrito por Lise Aron com a colaboração de Cássia Bergamaschie e de Claudia Mendonça, tem por objetivo oferecer orientações nutricionais atualizadas, fáceis de entender e de aplicar. Se você é um esportista, aprenderá, ao ler o livro, o que comer antes de competir, como se hidratar adequadamente e o que comer depois do treino. Mas saber os princípios de nutrição é apenas parte da resposta. É preciso saber traduzir esta teoria para o preparo dos pratos, e nisto este livro facilita, e muito, a vida do praticante de atividades físicas, com receitas saborosas e fáceis, fornecendo os valores nutricionais dos macro e micronutrientes e respondendo às dúvidas do dia a dia.

Alimentação, atividade física e saúde: receitas fáceis para um dia a dia mais saudável preenche uma lacuna importante e deve estar na cozinha de todos os que praticam algum esporte e na estante dos profissionais de saúde ligados à pratica esportiva.

Dra. Fernanda R. Lima
Reumatologista e Médica do Esporte
Chefe do Grupo de Medicina Esportiva da Disciplina de
Reumatologia – HC/FMUSP

SUMÁRIO

Parte I

1. Estratégias nutricionais para atividades esportivas — 19
    Atividade física e suporte energético — 22
    Carboidratos — 22
    Reserva de glicogênio hepático e muscular — 23
    Proteínas — 23
    Proteínas para os músculos — 24
    Lipídios — 24
    Vitaminas e minerais — 25

2. Aprendendo a ler rótulos — 27
    Dicas para diminuir o consumo de gordura — 31
    Dicas para diminuir a quantidade de sal — 32
    Dicas para diminuir o consumo de açúcar — 33

3. Hidratação — 35
    Hidratação antes, durante e depois da atividade física — 38
    Dicas para aumentar o consumo de líquido — 39

4. Alimentação e atividade física — 41
    Alimentação antes e durante as competições — 45
    Alimentação depois das competições — 46
    Cãibras — 46

5. Alimentação específica conforme o esporte — 47
    Academia — 49
    Ciclismo — 50
    Iatismo — 51
    Maratona — 52
    Natação — 53
    Tênis — 53
    Esportes em equipe: basquete, vôlei e futebol — 54

6. Organização e limpeza na cozinha — 55

7. Pesos e medidas — 61
    Pesos e medidas — 63

8. Entrevistas — 66
    Valor da alimentação - Dr. Paulo Zogaib — 67
    Conselhos alimentares - Erick Bell — 73
    Nutrição e esporte - Jamile Maria Sallum de Lacerda — 77
    Alimentação para o esportista - Oscar Schmidt — 81

9. Glossário de nutrientes — 83
    Vitaminas — 85
    Minerais — 87

Parte 2

10. Receitas — 93

- Abobrinha refogada à italiana — 95
- Alho-poró à grega — 97
- Arroz selvagem — 98
- Arroz selvagem com cogumelos e pimentão — 99
- Arroz com especiarias — 100
- Assado húngaro — 101
- Atum ao forno com tomates e arroz — 102
- Bacalhau na panela — 103
- Batatas assadas — 105
- Bife de panela — 106
- Bolo de macarrão — 107
- Caçarola de frango com abacaxi — 108

Caldos — 109

- Caldo de frango — 111
- Caldo de verdura — 112
- Caldo de peixe — 113
- Cenouras, abobrinha e laranja — 115
- Cenouras à russa — 116
- *Ceviche* — 117
- Creme de abóbora com gengibre — 118
- Cogumelos e alho-poró gratinados — 119
- Cuscuz marroquino — 121
- Chuchu recheado com carne e especiarias — 122

Couve-flor italiana	123
Espaguete ao alho e óleo e outros temperos	125
Feijão-branco com tomate	126
Feijão-rosa fresco	127
Fettuccine ao espinafre	129
Filé de badejo ao vinagrete	130
Filé de frango marroquino	131
Frango com ameixa	132
Frango com café	133
Frango com iogurte e *chutney*	135
Guacamole	137
Lulas no vapor	138
Mandioca ao forno	139

Massas	**141**
Massa básica para tortas	143
Molhos	**144**
Chutney de papaia	144
Maionese falsa	145
Molho com agrião	146
Molho de tomate	147
Molho de tomate com alho e manjericão	149
Molho vinagrete	150
Molho vinagrete com hortelã	151
Molho vinagrete com laranja	152
Moti	153
Nhoque de sêmola	154
Omelete com ervas	155
Ovos mexidos	157
Pasta de ervilha e lentilha	159
Peixe com espinafre ao forno	160
Picadinho	161
Pimentões marinados	163
Plaki	165
Raita	167
Ratatouille	168
Rotelle ao molho de salsinha e nozes	169
Salada de alho-poró	171

Salada de pão italiano	172
Salada com tomate seco e *croutons*	173
Salada de batata	175
Salada de *bi-fum* com pepino	177
Salada de *bi-fum* com frango	178
Salada de couve-flor com molho de agrião	179
Salada grega	181
Salada de lula	182
Salada de palmito e *kani*	183
Salada de rúcula, figos e lascas de parmesão	184
Salada de quatro cores	185
Salmão com marsala e zimbro	187

Sanduíches — 189

Sanduíche de coalhada seca com maçã e canela	191
Sanduíche de coalhada seca com rabanete	192
Sanduíche de coalhada seca e geleia	193
Sanduíche de frango e *chutney*	194
Sanduíche de queijo *cottage* e *curry*	195
Sanduíche de queijo, mostarda e tomate seco	197
Sanduíche de queijo *roquefort*	199

Sopas — 201

Sopa apimentada de tomate e cenoura	201
Sopa de batata-doce ao curry	203
Sopa de grão-de-bico e caldo de açafrão	204
Sopa de lentilha e tomate	205
Sopa rápida de iogurte	206

Tomate com gorgonzola	207
Torta de cebola, maçã e queijo	209
Vagem com tomate	211

Sobremesas e refrescos — **212**

Ágar-ágar	212
Ameixas marmorizadas	213
Banana *shake*	214
Bolo de banana	215
Bolo de chocolate da titia	217
Bolo de coco	219
Cereal matinal	221

Chá gelado	223
Creme de papaia	225
Doce de abóbora	226
Lassi clássico	227
Manga *lassi*	228
Mingau de aveia	229
Morango e menta	231
Morango com pimenta	232
Pera-surpresa	233
Pudim de semolina	234
Sete cereais doce	235
Sobremesa dourada	236
Suco vitaminado	237

1. Estratégias nutricionais para atividades esportivas

A atividade física é hoje considerada elemento essencial para a manutenção da saúde e de uma boa qualidade de vida. Além disso, o exercício tem se mostrado importante coadjuvante tanto no tratamento como na prevenção de uma série de doenças (diabetes, hipertensão, osteoporose etc.).

A alimentação afeta diretamente o desempenho esportivo. Com isso, o objetivo deste livro é oferecer informações sobre alimentação e propor receitas para que você possa se alimentar da melhor forma possível, e assim melhorar o seu desempenho. Tanto a quantidade como a qualidade do que você ingere são importantes. De maneira geral, o indivíduo que deseja praticar algum tipo de atividade física, mas não é um atleta profissional, não necessita nada mais do que uma alimentação saudável, variada e equilibrada. No entanto, a desinformação, os modismos e até mesmo a falta de tempo têm feito com que a maioria das pessoas adote dietas desequilibradas, que acabam por não suprir suas reais necessidades, gerando alterações de peso, cansaço, distúrbios gastrointestinais e indisposição. Para piorar a situação, aqueles que decidem começar uma atividade física são bombardeados por uma série de informações de procedência duvidosa sobre como obter o melhor desempenho e bom resultado no menor tempo possível.

Pós milagrosos, comprimidos, líquidos, injeções e dietas absurdas são alardeados como sendo capazes de queimar gorduras, desenvolver músculos, aumentar a disposição, tudo em curto espaço de tempo, sem muito esforço e, melhor ainda, sem qualquer efeito colateral. Muitas dessas recomendações não têm base científica e, além de não ajudar, podem trazer sérias consequências à sua saúde. Nunca adote dietas, suplementos ou qualquer tipo de medicação por conselho de alguém não habilitado para isso. Consulte sempre o seu médico ou um nutricionista. Caso nunca tenha praticado atividades físicas, ou esteja há muito tempo inativo, é recomendável se submeter a uma avaliação médica para verificar seu estado de saúde geral e se está apto a praticar a atividade física que deseja.

Atividade física e suporte energético

Deve-se lembrar que para desenvolver satisfatoriamente uma atividade física é necessário um bom suporte energético. Este suporte pode e deve vir de uma alimentação adequada. Não se pode esquecer que toda atividade exercida pelo nosso corpo requer gasto energético, isto é, queimam-se as tão faladas calorias.

A inclusão da prática de uma atividade física programada no nosso dia a dia acarreta maior gasto energético. Portanto, nosso corpo precisa estar preparado para isso. É bom lembrar que, mesmo que o objetivo seja perder peso, nosso corpo deve estar nutrido corretamente para desenvolver uma atividade física e alcançar os objetivos esperados. Caso contrário, não se tem energia suficiente, perde-se o "pique", ficando mais sujeitos a lesões e rapidamente desistindo por acreditar que "não temos jeito" para o esporte. Para nos mantermos saudáveis e ativos, a dieta deve incluir alimentos que sejam fonte de carboidratos, proteínas e gorduras, além de vitaminas e sais minerais.

E, apesar de a água não ser nutriente, é um elemento fundamental para quem pratica esportes, por ser importante para a hidratação e, muitas vezes, desempenha papel fundamental na absorção de alguns nutrientes.

Carboidratos

Os carboidratos devem representar a principal fonte de energia para o organismo. Eles podem ser simples ou complexos. Os simples, ou monossacarídeos, são formados por uma só molécula. É o caso da glicose, da frutose e da galactose. Quando duas moléculas de monossacarídeos se juntam, passam a formar os dissacarídeos, como a lactose, a sacarose e a maltose, que também são açúcares simples.

Os açúcares simples são de fácil digestão e absorção. Quando ingeridos, entram rapidamente na corrente sanguínea, onde provocam um aumento repentino do nível de glicose. São chamados carboidratos de alto índice glicêmico. Fazem parte deste grupo as geleias, os doces e as frutas. Mas por entrarem rapidamente na corrente sanguínea, também podem, em alguns indivíduos, provocar picos de hiperglicemia, que, por sua vez, estimulam o pâncreas a fabricar maior quantidade de insulina, e esta provoca a queda repentina de açúcar no sangue (hipoglicemia). Quando várias moléculas de monossacarídeos se unem, formam os polissacarídeos, ou açúcares complexos, e são estes os que nos interessam. Os açúcares complexos são digeridos bem mais lentamente. Assim, entram na corrente sanguínea devagar e não provocam uma alta súbita no nível de glicose. Grãos, cereais, tubérculos e raízes são açúcares complexos e considerados carboidratos de baixo teor glicêmico. (Ver Tabela 1 no final desta parte.)

Reserva de glicogênio hepático e muscular

Não fique mais de três a quatro horas sem se alimentar. A principal fonte de energia do corpo é a glicose, que é armazenada no fígado em forma de glicogênio. A quantidade de glicogênio que tanto o fígado como o músculo podem armazenar é limitada.

Esta quantidade oscila entre 80 e 100 g no fígado, e até quatro vezes mais que isso no músculo. Aproximadamente a cada quatro horas, o estoque de glicogênio se esgota e, se você não o repuser com alimentos ricos em carboidratos, o seu corpo será obrigado a retirar energia de outras fontes. A falta de glicogênio afeta principalmente o cérebro, que depende da glicose para funcionar.

Proteínas

A palavra *proteína* significa *de importância primordial*. As proteínas desempenham importante papel na conservação e na regeneração das células, sendo por isso vitais para a saúde. Ao contrário dos carboidratos, elas não representam importante fonte de energia para o corpo humano em condições normais.

As proteínas são formadas por aminoácidos. Há 21 aminoácidos que, em diferentes combinações, formam as proteínas. Destes 21, 8 são essenciais. Isso quer dizer que só podem ser obtidos por meio da ingestão de alimentos.

Os alimentos de origem animal, como as carnes em geral, as aves, os peixes, os ovos e o leite e seus derivados, são os fornecedores desses aminoácidos essenciais. Entretanto, grãos e leguminosas também representam importante fonte de proteína de origem vegetal e não devem ser esquecidos. (Ver Tabela 2 no final desta parte.)

Proteínas para os músculos

Existe ainda uma crença muito disseminada entre os praticantes de musculação, sejam eles profissionais ou amadores: quanto mais proteína ingerirem, maiores e mais fortes serão os seus músculos. É comum ouvi-los contar orgulhosos que se alimentam de dúzias de ovos, enormes quantidades de carne e mais alguns suplementos de aminoácidos.

Entretanto, não existe nenhuma comprovação científica para a utilização de tais dietas. A recomendação diária para a ingestão de proteínas para uma pessoa inativa é de 0,8 a 1,2 g para cada quilograma de peso corporal, levando-se em conta para este cálculo o peso corporal ideal, e não o real. Assim, se você pesa 60 kg, necessita de aproximadamente 60 g de proteína por dia. Isso corresponde a um copo médio de leite ou de iogurte (200 ml), a uma fatia média de queijo (30 g) e a duas porções médias de carne bovina, de frango ou de peixe (100 g cada uma delas).

Para maiores detalhes, veja a Tabela 3 no final desta parte. Recomendações proteicas para atletas de resistência (atividades aeróbicas) estão em torno de 1,2 a 1,5 g de proteínas por quilograma de peso corporal por dia. Se você é um nadador de águas abertas e pesa 70 kg, necessitará de 84 a 105 g de proteínas.

Atletas de força (atividades anaeróbicas) necessitam aproximadamente de 1,3 a 1,8 g de proteínas por quilo de peso corporal por dia. Assim, se você é um halterofilista e pesa 70 kg, necessitará de 91 a 126 g de proteínas. Isso é muito menos que a quantidade proposta a ser ingerida em dietas mirabolantes para aumentar a massa muscular. Além disso, não podemos esquecer que muitos dos alimentos ricos em proteínas também são ricos em gordura. A melhor forma de ganhar músculos grandes e fortes é por meio de exercícios de força bem feitos e planejados, além de uma alimentação rica em carboidratos (que fornecerá a energia necessária para o treinamento) e adequada em proteínas.

Lipídios

A gordura ou lipídio é a forma de energia mais concentrada que existe. Enquanto 1 g de carboidrato tem 4 kcal, 1 g de gordura possui 9 kcal, ou seja, mais que o dobro.

As gorduras se dividem em saturadas e insaturadas. As insaturadas, por sua vez, se subdividem em monoinsaturadas e poli-insaturadas. As saturadas geralmente são de origem animal (carnes, ovos, leites, queijos, manteiga etc.) e permanecem sólidas em temperatura ambiente. Há grande quantidade de gordura saturada nos alimentos industrializados, como bolos, biscoitos, doces etc.

As gorduras monoinsaturadas permanecem líquidas em temperatura ambiente e são conhecidas como "gorduras boas".

Podem ser encontradas no azeite de oliva, nas azeitonas e nos abacates. Acredita-se que ajudam a manter o equilíbrio do colesterol do corpo. As poli-insaturadas também permanecem líquidas em temperatura ambiente e são encontradas em grande quantidade nos óleos de origem vegetal, nozes e amêndoas e nos peixes grandes de águas frias. Vale ressaltar que não se deve cozinhar com azeite de oliva, pois o aquecimento o transforma em gordura saturada. Ele deve ser usado para temperar saladas e dar sabor ao prato que já está pronto.

As gorduras vegetais hidrogenadas (trans) são, na verdade, gorduras fabricadas e geralmente encontradas nas margarinas e nos alimentos industrializados. Embora muitas marcas de margarina anunciem que são ricas em "óleo vegetal", o processo de hidrogenação transforma parte da gordura em gordura saturada.

Alguns estudos sugerem que a gordura hidrogenada pode ser ainda mais maléfica para a saúde que a saturada, pois, além de elevar o nível de colesterol ruim (LDL), diminui o do colesterol bom (HDL). São também lipídios o colesterol e o triglicéride. O organismo humano fabrica colesterol, mas, ao ingerir proteínas de origem animal, você aumenta, ainda mais, o nível de colesterol no seu organismo. O colesterol é basicamente encontrado em alimentos de origem animal, como gemas de ovo, carnes, leite e seus derivados, frutos do mar, miúdos e vísceras.

Seja proveniente dos alimentos ou fabricado pelo fígado, o colesterol é transportado pelas lipoproteínas. Os diferentes tipos de lipoproteínas transportam quantidades variáveis de colesterol. Óleos, manteiga e cremes são alimentos fáceis de ser identificados como gordura, porém em outros alimentos a gordura é menos visível, mas nem por isso inexistente. Este é o caso das azeitonas e das carnes tenras.

Conforme já citado, a gordura oferece mais que o dobro de calorias ofertadas por carboidratos ou mesmo por proteínas. Mas não pense que podemos viver sem gordura. Além da energia, elas ajudam o corpo a utilizar as vitaminas A, D, E e K, que são lipossolúveis. Também ajudam na conservação das células e na síntese dos hormônios.

VITAMINAS E MINERAIS

Vitaminas e minerais também contribuem para a saúde. As vitaminas formam um grupo de substâncias orgânicas que, em pequenas quantidades, são primordiais para que o organismo funcione normalmente.

Há dois tipos de vitaminas: as lipossolúveis e as hidrossolúveis. As vitaminas A, D, E e K pertencem ao primeiro grupo. Elas são absorvidas com as gorduras no intestino, entram na corrente sanguínea e ficam armazenadas no tecido gorduroso, principalmente no fígado, e, em geral, não são eliminadas pela urina. Isso faz com que o corpo possua uma reserva dessas vitaminas.

A vitamina C e as que pertencem ao grupo de vitaminas do complexo B, ou seja, tiamina, riboflavina, niacina, ácido pantotênico, vitaminas B6 e B12, biotina e ácido fólico são solúveis na água. O corpo humano só consegue estocar determinada quantidade dessas vitaminas, e, por isso, é absolutamente desnecessário aumentar o seu consumo. O excedente, que o corpo não armazena, é eliminado pela urina.

Os minerais são substâncias inorgânicas que devem estar presentes na dieta, na maioria das vezes, em quantidades ínfimas para se manter saudável. Os mais conhecidos são cálcio, fósforo, sódio, potássio, magnésio, ferro, zinco, cobre, cromo, iodo e selênio.

Em alguns momentos da vida, as pessoas necessitam de maior quantidade de nutrientes, como é o caso de crianças que nos primeiros anos necessitam de uma dose maior das vitaminas A, C e D, ou das mulheres que no início da gravidez precisam de ácido fólico. Mas, como regra geral, ao se alimentar corretamente e de maneira equilibrada é possível obter todas as vitaminas e os minerais necessários para uma vida saudável. No final desta parte há um glossário com as principais vitaminas e minerais e os alimentos em que estão presentes em maior quantidade.

Entretanto, se você é daquelas pessoas que acreditam que quanto mais vitaminas e minerais tomar mais saudável se tornará, está flertando com o perigo. O consumo elevado de vitaminas e minerais pode ser nocivo. Altas doses de vitamina C podem provocar náuseas, dores estomacais e cálculos renais. Um elevado consumo de vitamina D pode acarretar problemas gastrointestinais e cardiovasculares. Se por algum motivo você acredita que necessita de suplementos, informe-se com seu médico ou com um nutricionista.

2. Aprendendo a ler rótulos

Outro problema que ocorre quando você fica muito tempo sem se alimentar é sentir um ataque de fome e comer o primeiro alimento que estiver na sua frente, e este geralmente ser rico em açúcar, em sal ou em gordura, como é o caso dos biscoitos, dos chocolates, dos salgadinhos etc.

Escolha alimentos com baixo teor de gordura, sal e açúcar simples e ricos em carboidratos complexos e fibras. O tempo gasto para ler os rótulos das embalagens não é uma perda de tempo, mas um ótimo investimento para se alimentar melhor.

Ao comprar alimentos, não se entusiasme com as informações escritas em letras grandes no rótulo frontal, mas dê uma boa olhada nos dados nutricionais escritos no verso. Estes, muitas vezes, estão em letras muito pequenas. Se for preciso, leve uma lupa quando for às compras, mas leia esses dados!

Por lei, as embalagens devem indicar o nome e o endereço do fabricante e/ou do distribuidor, a origem, a quantidade e a data de validade do produto, além da lista dos ingredientes.

Os ingredientes são listados em ordem decrescente por quantidade. Assim, se em um pacote de biscoitos de frutas estiver escrito: farinha, açúcar invertido, gordura hidrogenada, amido e polpa de maçã, saiba que há pouquíssima polpa nesse biscoito. Mas se estiver escrito: polpa de maçã, farinha e açúcar, isso significa que a polpa é o principal ingrediente do biscoito. Além dos ingredientes básicos, também devem estar listados os aditivos. Os aditivos são substâncias acrescentadas ao alimento durante o seu preparo e servem para realçar a cor, a textura ou o sabor do alimento, ou ainda para prolongar seu tempo de conservação.

A seguir, leia o restante do rótulo e veja a quantidade de gordura em relação à de calorias. O ideal é haver, no máximo, 3 g de gordura para cada 100 kcal. Alguns alimentos que se imagina ricos em carboidratos são, na verdade, ricos em lipídios. É o caso da maioria dos biscoitos. Como regra geral, quanto mais crocante, maior a quantidade de gordura.

Para saber se um alimento é rico em gordura, basta fazer duas operações aritméticas bem simples. Cada grama de gordura contém 9 kcal. Multiplique o número de gramas de gordura indicado no rótulo por nove e obterá o número de calorias provenientes da gordura. Se um determinado biscoito tem 6 g de gordura por porção, tem 54 kcal (6 x 9) que são provenientes da gordura.

Procure também informações no rótulo sobre a quantidade de sódio. Lembre-se que uma elevada ingestão de sódio é uma das causas do aumento da pressão sanguínea. Evite consumir os alimentos quando o teor desse nutriente ultrapassar os 300 mg por porção.

Outro item que vale a pena verificar é a quantidade de açúcar. Cada grama de açúcar contém 4 kcal. Multiplique o número de gramas de açúcar indicado no rótulo por quatro e obtenha o número de calorias provenientes do açúcar. Voltando ao nosso exemplo, aquele mesmo biscoito tem 5 g de açúcar por porção, e com isso tem 20 kcal (5 x 4) provenientes do açúcar.

Saiba também que as expressões "sem adição de açúcar" e "dietéticos" não significam necessariamente menos calórico, porque o açúcar pode ser substituído por adoçantes e pode haver acréscimo de gordura. Os chocolates dietéticos são um bom exemplo para você verificar isso. O alimento dietético é aquele fabricado para fins específicos e, no caso dos alimentos "sem adição de açúcar", podem ser consumidos por diabéticos. Entretanto, algumas vezes são mais calóricos que os alimentos comuns.

Finalmente, verifique a quantidade de fibras. Fibras não são as partes das folhas das alcachofras que se descartam e os fios que se retiram das vagens ao limpá-las.

As fibras formam os esqueletos das plantas e, embora não sejam absorvidas pelo organismo, são extremamente importantes para a saúde. Quando consumimos fibras, elas passam pelo intestino e esta passagem é importante porque elas aumentam o bolo fecal, impedem a constipação e aceleram o trânsito intestinal. Entretanto, o consumo de fibras deve ser acompanhado por uma farta ingestão de líquidos. Os alimentos que contêm no mínimo 3 g de fibras podem ser considerados boa fonte de fibras, como os farelos, os cereais integrais, os pães integrais, as verduras e as frutas.

Dicas para diminuir o consumo de gordura

- Utilize panelas antiaderentes.
- Em vez de leite integral, use o desnatado.
- Substitua o creme de leite por leite evaporado desnatado ou por iogurte desnatado.
- Opte por queijos brancos tipo minas, *cottage* ou ricota.
- Prefira o atum em conserva na água ao mantido em óleo.
- Prefira óleos vegetais (milho, canola, oliva etc.) ou margarina em vez de manteiga ou banha.
- Opte sempre que possível pelo azeite extravirgem.
- Há no mercado um *spray* que substitui o óleo ou a manteiga.
- Ao comprar mostarda, compre a de Dijon. Evite as mostardas inglesas preparadas com ovos.
- Há no mercado molhos cremosos que substituem a maionese tradicional, com a vantagem de não conter ovos.
- Retire a pele e a gordura do frango antes de prepará-lo.
- Retire também toda a gordura visível da carne.
- Lembre-se que, quanto mais tenra a carne, mais rica em gordura ela é.
- Prefira o caldo preparado em casa em vez de concentrados em cubinhos ou pacotes, ricos em gordura e sal.
- Quando preparar um ensopado, prepare-o com muitas horas de antecedência. Deixe-o esfriar e coloque-o na geladeira. Depois de algumas horas, retire a gordura visível que se formou na superfície.
- Ao preparar um ensopado, não frite os ingredientes.
- Comece pelo preparo do molho e ponha para cozinhar nele os alimentos.
- Uma boa opção é consumir peixe. O peixe tem tanta proteína quanto a carne vermelha, mas menos gordura.
- Ao assar uma carne, substitua o óleo por vinho tinto.
- E, ao cozinhar um peixe, substitua o óleo por vinho branco. Em ambos os casos, o vinho deve ser seco.
- Nas carnes marinadas, substitua o azeite por vinho branco ou tinto.
- Dê preferência a modos de cozimento que não necessitam de gordura, como no vapor, em papel alumínio, no forno, no micro-ondas e grelhados.
- Evite frituras. Evite também pizzas e hambúrgueres, muito ricos em lipídios.
- Evite doces com cremes.
- Em vez de sorvete, opte por um *sorbet* (sorvete feito com polpa de fruta e água).

Dicas para diminuir a quantidade de sal

De acordo com a Organização Mundial da Saúde (OMS), o consumo adulto de sal diário não deve ultrapassar 6 g. Você talvez imagine que o seu consumo não ultrapassa essa quantidade. Entretanto, uma simples leitura da tabela dos nutrientes de alguns alimentos indica que a quantidade de sódio em alguns deles é enorme. É o caso das bebidas isotônicas, de muitos produtos *light* etc.

Na medida em que se aumentar a quantidade de temperos naturais, como ervas e condimentos, também ficará mais fácil diminuir a quantidade de sal adicionada aos alimentos. A seguir seguem algumas dicas para reduzir o consumo de sal.

- Não ponha o saleiro na mesa durante as refeições.
- Diminua a quantidade de sal no preparo de pratos.
- Substitua-o por pimenta (há vários tipos, experimente!).
- Caso não goste de pimenta, há uma grande variedade de ervas e condimentos à disposição.
- Use verduras e legumes frescos no lugar dos enlatados.
- Caso opte pelos enlatados, escorra-os, coloque-os em uma peneira e lave-os em água corrente.
- Ao utilizar manteiga ou margarina, opte pelas não salgadas.
- Substitua os caldos em cubos, ricos em sal e gordura, por aqueles preparados em casa (veja receitas neste livro).
- Evite tomar sopas instantâneas, pois têm sempre muito sal.
- Evite consumir alimentos conservados na salmoura e/ou enlatados, como bacalhau, anchova, *bacon*, picles, molhos prontos, *shoyu* etc.
- A maioria dos pratos semiprontos ou congelados também tem muito sal.
- Não tenha salgadinhos em casa!
- Não compre vinagretes industrializados, pois são ricos em sal e preparados com óleos nem sempre da melhor qualidade.
- Ao preparar um molho vinagrete, aumente a quantidade de limão ou de vinagre e diminua a de sal.
- Fique longe dos temperos industriais como sal e aipo, sal e alho etc.
- Evite tomar bebidas isotônicas em excesso, pois são extremamente ricas em sódio. Uma boa opção é a água de coco, pobre em sódio e rica em potássio.
- Diminua o consumo de refrigerantes, que também são ricos em sódio. Prefira os sucos naturais.
- Reduza o consumo de carnes defumadas, embutidos, patês e similares porque, além do sal, a maioria contém nitrosaminas, que são elementos cancerígenos.

- Prefira alcaparras conservadas no vinagre e não no sal. Passe-as sob a água corrente para retirar o excesso de sal e de vinagre.
- Se utilizar anchovas, deixe-as de molho no leite frio por 30 minutos para retirar o excesso de sal.
- Ao preparar uma marinada, utilize ervas e condimentos. Faça-a sem o sal.

Dicas para diminuir o consumo de açúcar

O açúcar simples, além de provocar cáries, irritar o estômago e o intestino e contribuir para o aumento de peso, também pode provocar picos de hiperglicemia e, em decorrência, afetar o seu rendimento. Mesmo assim, para muitas pessoas o doce está ligado à noção de prazer. Conforme já foi mencionado, os açúcares simples estão presentes nas balas, nos biscoitos, nas geleias, nos refrigerantes, nos xaropes, nos bolos, nos sorvetes e nas guloseimas de todo tipo. A seguir indicam-se algumas maneiras de diminuir o consumo de açúcar.

- Substitua o refrigerante por água mineral ou chá de frutas, flores ou ervas gelado.
- Diminua a quantidade de açúcar acrescentada ao café.
- Ao comprar um suco, certifique-se de que ele não contém adoçante ou açúcar.
- Prefira sucos naturais preparados na hora, com frutas da estação, sem adição de açúcar ou adoçantes. Eles são mais baratos e saborosos, além de conterem todas as vitaminas presentes na fruta.
- Não estoque biscoitos, balas e doces em casa!
- Diminua a quantidade de açúcar que põe nos doces que prepara. Você perceberá que isso não diminui em nada o sabor. Ao contrário, realça o sabor dos demais ingredientes.
- Em vez de açúcar ou adoçante, tente "temperar" seu iogurte com canela, essência de baunilha ou de amêndoas, noz-moscada ou sementes de cardamomo.
- Substitua um doce ou um bombom por uma fruta fresca ou mesmo por uma fruta seca, como figo, tâmara ou damasco. Além do sabor adocicado proveniente da frutose, elas fornecem vitaminas, sais minerais e fibras!
- Faça o seu próprio cereal matinal em vez de comprar os industrializados, que são ricos em açúcares e lipídios. (Veja receita neste livro.)

- Se você é daquelas pessoas que não resistem a um doce, tente pelo menos preparar um doce de frutas ou algum bolo ou doce mais saudável, ou seja, rico em fibras e com baixo teor de gordura!
- Apesar de toda essa pregação contra o açúcar, você encontrará neste livro algumas receitas de doces e bolos.

3. Hidratação

Embora a água não represente um componente energético, é primordial para o ser humano, pois mantém os mecanismos de termorregulação e retarda a fadiga de quem pratica uma atividade física regular. A quantidade de água no corpo humano depende do sexo, da idade e do peso, mas pode-se dizer que, de maneira geral, 60% do corpo humano é formado por água.

O corpo humano perde água constantemente e, para isso, não é preciso exercitar-se nem transpirar. Além da urina, a água ingerida é perdida no hálito, nas fezes e na respiração. Essa perda aumenta se você vive em um clima seco, ou se trabalha em um ambiente com ar-condicionado. E ela será ainda maior ao se praticar alguma atividade física. Problemas de saúde como febre e diarreia também acarretam perda de líquido. Portanto, é inevitável a ocorrência de perda de água 24 horas por dia. As questões são qual quantidade repor e como repor essa perda. Não espere sentir sede para beber água!

É necessário manter um bom nível de hidratação, uma vez que o rendimento físico diminui quando a perda de água atinge 2% do peso corporal, o que equivale a 1,5 ℓ no caso de uma pessoa de 70 kg. Calcula-se que uma perda de 5% de água acarreta uma diminuição do rendimento ainda maior, em torno de 30%. E perdas iguais ou superiores a 10% podem inclusive ser perigosas para o organismo, além de diminuir ainda mais o rendimento físico.

Para praticantes de atividades físicas leves e moderadas e por até uma hora de duração, é necessário somente manter os níveis de hidratação adequados. Não há necessidade de tomar soluções isotônicas (bebidas energéticas, de reposição de água e eletrólitos para esportistas etc.). Água pura é suficiente. Se a água for fresca, será absorvida mais rapidamente. Caso você realize atividades de resistência por períodos mais longos (de 60 a 90 minutos), poderá usar bebidas que contenham carboidratos, mas é aconselhável consultar um especialista na área.

Hidratação antes, durante e depois da atividade física

Deve-se beber cerca de 250 a 500 ml de água 30 minutos antes de começar uma atividade física. É um erro tomar quantidades maiores, já que a capacidade de absorção do intestino é limitada. Durante o esforço perdemos água e eletrólitos (sódio, potássio etc.), que precisam ser repostos. Assim, recomenda-se beber de 100 a 200 ml a cada 15-20 minutos. Beba água, água de coco e/ou sucos naturais. O uso de bebidas isotônicas só se justifica se você se exercitou por longos períodos e transpirou muito.

A primeira coisa que se deve fazer depois de uma atividade física é repor a quantidade de água perdida. O ideal é repor 1 ℓ de água para cada quilograma de peso corporal perdido. Essa reposição pode ser feita ao longo do dia. Para uma pessoa que perde, por exemplo, 300 g de peso depois do exercício físico, basta beber 300 ml de líquido.

Ao se exercitar, fique alerta às condições que contribuem para o aumento da sudorese. São elas:

- Temperatura: quanto mais alta a temperatura, maior é a perda de líquido por meio do suor.
- Intensidade: quanto mais intenso é o treino, maior será a quantidade de suor.
- Tamanho corporal: quanto maior a pessoa, maior será a perda de líquido por meio do suor. Geralmente, os homens transpiram mais que as mulheres.
- Duração: quanto maior o tempo do exercício, maior será a perda de líquido.

Além disso, quanto mais bem treinado o atleta, maior a transpiração. A função do suor é baixar a temperatura do corpo. A pessoa bem treinada refrescará seu corpo naturalmente, de maneira mais eficiente que aquela que não está na sua melhor forma.

Dicas para aumentar o consumo de líquido

- Comece o dia bebendo um copo de água, pois ocorreu perda de líquido durante a noite.
- Tente beber um copo de água por hora durante o dia ou depois de urinar.
- O álcool é uma péssima opção de reidratação, pois, na verdade, desidrata e dilata os vasos sanguíneos, dificultando a recuperação depois da prática do exercício, o que afeta os níveis de glicose no sangue.
- Ao terminar a sua atividade física, primeiro hidrate-se corretamente e só depois beba uma cerveja gelada.
- Refrigerantes são má escolha porque, embora ofereçam potássio, também contribuem com sódio, cafeína e com as calorias do açúcar refinado. Os refrigerantes que contêm adoçantes também são desaconselhados, porque a quantidade de adoçante pode ser bem elevada.
- Prefira a água de coco ou os sucos naturais preparados na hora, e sem adição de açúcar ou adoçante, pois também contribuem para a reposição do potássio e muitas vezes são ricos em vitaminas C e outros nutrientes.
- Cafeína também não é uma boa escolha, porque contribui para a desidratação. Ela atua como diurético, aumentando a produção de urina. Você pode tomar uma xícara de café ou de chá pela manhã, mas lembre-se de beber um ou dois copos de água.
- Evite comer salgadinhos e outros alimentos ricos em sal. O corpo trabalha para manter o equilíbrio no nível de sal presente no sangue e nos tecidos.
- Uma quantidade extra de sal exigirá uma maior quantidade de líquido para diluí-la e para ser finalmente excretada na urina. Portanto, sobrecarrega os rins, os órgãos responsáveis pela regulação do nível de sal no organismo.
- Ao viajar de avião, hidrate-se antes e durante o voo, pois o ar seco das aeronaves contribui para as perdas hídricas. No entanto, evite ingerir bebidas alcoólicas ou com cafeína durante o voo, pois, como já se explicou, contribuem para a desidratação. Prefira sucos naturais e água.
- Se você trabalha em um ambiente fechado e com ar-condicionado, beba pelo menos um copo de água a cada hora.
- Beba líquido antes, durante e depois de praticar alguma atividade física.

- Prefira água fresca, pois ela é absorvida mais rapidamente do que a água em temperatura ambiente.
- Se você se exercita por uma hora, ou por uma hora e meia, a água é a melhor forma de reposição hídrica.

4. Alimentação e atividade física

Deve-se lembrar que, para se desenvolver satisfatoriamente uma atividade física é preciso um bom suporte energético. Entretanto, a determinação exata da quantidade de proteínas, carboidratos e lipídios a ser ingerida pelas pessoas varia conforme a atividade física realizada e conforme sua composição corporal, podendo atingir níveis acima das recomendações dietéticas baseadas para uma população considerada "padrão".

A alimentação pré-atividade física depende de diversos fatores, mas principalmente do tipo e da intensidade da atividade que será desenvolvida. Além disso, existem diferenças individuais que devem ser respeitadas. Há pessoas que se sentem mal quando se alimentam em um horário muito próximo ao da prática do exercício e outras que precisam se alimentar poucos minutos antes. Como regra geral, a refeição antes de uma atividade física deve ser ingerida de uma a quatro horas antes do evento. Pequenos lanches podem ser ingeridos cerca de uma hora antes do evento, e refeições completas devem obedecer a um intervalo de quatro horas.

Os requerimentos energéticos para pessoas que realizam algum tipo de atividade física variam dependendo do peso, da altura, da idade, do sexo, da taxa metabólica, do tipo e da intensidade, da frequência e da duração do exercício, e também da modalidade do esporte.

Durante o exercício, os músculos convertem a energia estocada em energia cinética e calor. As maiores fontes energéticas provêm de carboidratos e de gordura. As reservas corporais de carboidrato (glicogênio muscular e hepático) são limitadas, mas não as de gordura. Portanto, a fadiga ocorre com a depleção nas reservas de carboidratos. Por isso, é importante que a alimentação contenha diariamente em torno de 60% das calorias provenientes de carboidratos, podendo alcançar 70% em dias de pré-competição.

Desse modo, aqueles que praticam uma atividade física regular e têm uma alimentação normal, geralmente ingerem entre 300 a 350 g de carboidratos por dia. Esse tipo de alimentação repõe adequadamente o glicogênio muscular usado no treinamento diário.

Consumir mais que essa quantidade não é recomendável, porque o excesso será convertido em gordura. É bom salientar que, quando se fala em carboidratos, está se referindo aos carboidratos complexos e de preferência ricos em fibras, por serem alimentos digeridos e absorvidos pelo sangue mais lentamente. Assim, dê preferência a massas, arroz e pães integrais, barras de cereais, cevada, frutas etc.

A gordura é uma fonte importante de energia durante o exercício de intensidade moderada. A porcentagem de carboidrato e de gordura na alimentação também determina a quantidade de glicogênio e de gordura usados como combustível. Portanto, uma alimentação rica em gordura compromete a ingestão de carboidratos, que diminuem os estoques de glicogênio do músculo e reduzem a capacidade de a pessoa sustentar um exercício de alta intensidade.

Alimentos ricos em gorduras devem ser evitados porque, além dos motivos já mencionados, retardam o esvaziamento gástrico e demoram mais para ser digeridos. Dessa maneira, a alimentação ideal deve fornecer menos que 30% do total de calorias provenientes das gorduras.

Todas as avaliações das necessidades proteicas dos praticantes de atividade física devem considerar o conteúdo de energia da dieta. Os requerimentos proteicos não estão totalmente claros. De maneira geral, recomendações proteicas para atletas de resistência (atividades aeróbicas) estão em torno de 1,2 a 1,5 g de proteínas por quilograma de peso corporal por dia. Se você é um nadador de águas abertas e pesa 70 kg, necessitará de 84 a 105 g de proteínas.

Atletas de força (atividades anaeróbicas) necessitam aproximadamente de 1,3 a 1,8 g de proteínas por quilograma de peso corporal por dia. Assim, se você é um halterofilista e pesa 70 kg, necessitará de 91 a 126 g de proteínas. Caso a intensidade do esforço seja muito grande, evite refeições muito pesadas pouco tempo antes do início do evento, pois podem causar sensação de estômago pesado, dificuldade para a digestão e até vômitos. Contudo, todos os especialistas em saúde afirmam que não é recomendável iniciar o dia fazendo uma atividade física em jejum. Se você é daquelas pessoas que dizem passar mal caso se alimentem, tente pelo menos tomar um suco de frutas, um copo de leite ou um iogurte, mas, por favor, não faça essa experiência no dia de um treino importante!

Esportistas: suas células musculares precisam de ferro para produzir energia. O ferro faz parte da hemoglobina, presente nas células vermelhas do sangue que, por sua vez, transportam o oxigênio para as células do corpo. O oxigênio é utilizado pelo metabolismo, principalmente nas atividades aeróbicas. Falta de ferro, mesmo em pequena quantidade, pode afetar seu desempenho. As mulheres necessitam de maior atenção ao seu consumo de ferro, pois todos os meses, na menstruação, perdem certa quantidade desse nutriente. Além disso, exercícios prolongados, como corridas de longa distância ou competições de ciclismo, podem também acarretar perda de ferro. Se você é mulher e praticante de uma modalidade esportiva de longa duração, verifique seu nível de ferro a cada 3 ou 4 meses.

Alimentação antes e durante as competições

Chama-se de período pré-competição a semana que antecede a competição. O ideal é o competidor estar em boa forma, bem treinado e bem nutrido, e assim ter energia e hidratação adequadas para um bom desempenho esportivo.

É aconselhável que uma semana antes da competição se diminua a intensidade e o número de treinos, para que o atleta tenha boas reservas de glicogênio. Nas atividades esportivas de longa duração, ou seja, de mais de uma hora, é aconselhável aumentar o consumo de carboidratos pela ingestão de cereais integrais, legumes e hortaliças.

Nutricionistas recomendam que se façam cinco refeições por dia. Nos esportes que exigem força, é recomendável aumentar o consumo de proteínas, e não o de carboidratos. Se a competição for pela manhã, o melhor é que o café da manhã seja rico em cereais integrais, frutas e líquidos. Este café da manhã deve ser tomado cerca de duas horas antes do início das provas.

No caso de a competição ser durante a tarde, é aconselhável tomar o café da manhã habitual e fazer uma refeição leve cerca de duas ou três horas antes do evento. Recomenda-se que esta refeição tenha aproximadamente 400 kcal.

Se a competição for à noite, o atleta pode se alimentar seguindo os horários rotineiros e, no meio da tarde, fazer um lanche com sanduíche de pão integral e suco. Como nos casos anteriores, o lanche deve ser feito cerca de duas horas antes do início das provas, para evitar a sensação de estômago cheio no momento da competição.

Não é recomendável comer nada sólido antes do início do evento, mas pode-se beber pequenas quantidades de líquido a cada 20 ou 30 minutos antes do início da prova. Também não se recomenda tomar refrescos adoçados ou ingerir açúcares simples, porque esses açúcares, quando ingeridos, aumentam o nível de glicose no sangue e também liberam insulina, o que pode provocar sensação de cansaço, enjoo etc.

Um lembrete importante: nos dias que antecedem a competição, ou nos dias de competição, evite tomar bebidas "novas no mercado" que você ainda não experimentou, e também evite alimentos considerados perigosos ou facilmente perecíveis, como, por exemplo, maioneses, molhos condimentados, frutos do mar, alimentos comprados em quiosques etc.

Alimentação depois das competições

Depois da competição é necessário repor as perdas, ou seja, recuperar as reservas de glicogênio e de líquido. Estudos revelam que a perda de glicogênio em uma competição pode ser reposta em aproximadamente 24 horas, caso a pessoa ingira carboidratos em quantidade suficiente. Muitas vezes, depois da competição, o indivíduo não tem apetite suficiente para repor rapidamente as suas reservas. O mesmo acontece com o líquido. Em competições esportivas que demoram mais de uma hora, é importante também repor os eletrólitos perdidos. Nesse caso, deve-se também beber sucos de frutas naturais e bebidas isotônicas.

Cãibras

Um dos temores de todo atleta é o de ser acometido por uma cãibra durante a prova, pois isso significa o fim da competição para ele, ou a interrupção momentânea do treino. Há várias hipóteses sobre as causas das cãibras.

Alguns pesquisadores acreditam que a falta de potássio possa provocá-las. Outros pensam que a causa reside em uma deficiência de cálcio. Outros ainda sugerem a falta de sódio. Há também os que acusam o ácido láctico e aqueles que apontam para a desidratação. Algumas sugestões para tentar prevenir cãibras são beber bastante líquido e comer laticínios com baixo teor de gordura e alimentos ricos em potássio, como frutas e vegetais.

5. Alimentação específica conforme o esporte

Na sociedade moderna e sedentária em que vivemos, cada vez mais as pessoas decidem praticar algum esporte. Alguns para ter uma atividade física regular, outros para emagrecer, outros como prevenção de problemas de saúde. Qualquer que seja a atividade esportiva praticada, é indispensável que a pessoa tenha a reserva de glicogênio adequada e esteja bem hidratada.

Academia

Um grande número de pessoas frequenta academias, seja para fortalecer os músculos, seja como atividade complementar para a prática de outros esportes. É muito comum observar no ambiente das academias pessoas "trocando receitas" sobre suplementos alimentares, polivitaminas e até coquetéis bem mais perigosos para a saúde. Até o momento, não há nenhuma comprovação de que os frequentadores de academia devam tomar suplementos alimentares para um melhor desempenho ou para obter um aumento da massa muscular.

Muitos dos frequentadores de academias acreditam em vários mitos. Um dos grandes mitos é que as proteínas podem se transformar em músculos. Na verdade, consumir mais proteína, em forma de alimentos ou de suplementos, não vai tornar ninguém mais forte e musculoso. O que tornará você mais forte é exercitar seus músculos. Outro mito é que os aminoácidos aumentam o tamanho e a força dos músculos. A maioria dos alimentos tem aminoácidos em quantidade suficiente para o corpo.

Quem frequenta academias deve ter uma dieta equilibrada como qualquer outro esportista, e esta dieta deve ser rica em carboidratos complexos (grãos e cereais integrais). Alguns nutricionistas propõem que o consumo diário de proteína para esses esportistas não deve ultrapassar 2 g de proteína por quilo de peso corporal.

As proteínas ingeridas em excesso são estocadas em forma de gordura pelo organismo. Além disso, um excesso de proteína animal pode acarretar um aumento dos níveis de ácido úrico e colesterol, além de sobrecarregar o funcionamento dos rins. Quando você ingere proteínas em excesso, necessita de mais água para excretar ureia. Assim, o excesso de proteína também aumenta o perigo de desidratação. Um consumo muito grande de proteínas acarreta outro problema: traz uma sensação de saciedade e dificulta o consumo de carboidratos, e, sem eles, não há reserva de glicogênio, o que prejudica o treinamento na academia.

O adepto da academia deve descansar entre um treino e outro. Estudos comprovam que há um aumento de força e melhor resultado quando se observa um dia de descanso entre um treino e outro. Assim, é melhor treinar três ou quatro dias por semana, intercalados com a prática de outro esporte.

Ciclismo

A cada dia aumenta o número dos adeptos do ciclismo. O ciclismo é um esporte com características bem específicas, que exige um enorme gasto de energia, uma vez que as corridas são longas e muitas vezes em condições atmosféricas adversas, como frio, chuva ou em dias de calor intenso. O perigo de desidratação é grande para os praticantes de ciclismo.

As competições de bicicleta podem durar somente um dia ou vários dias. Do mesmo modo que o maratonista, o ciclista deve ter boas reservas de glicogênio e estar muito bem hidratado. Se durante a corrida de um dia está prevista uma pausa, esta deverá ser aproveitada para repor o líquido e comer algo sólido, como por exemplo frutas secas ou um pequeno sanduíche de queijo. Se não estão previstas pausas e a prova for de muitas horas, o competidor deverá sair de casa levando uma pequena mochila ou sacola com pelo menos 1 ℓ de água fresca, 250 ml de alguma bebida isotônica, frutas secas, e um pequeno sanduíche de queijo ou peru.

Em corridas de menos de três horas, o que importa mesmo é recuperar a perda de líquido e isso é fácil: basta ingerir água ou alguma bebida isotônica diluída. Nesse tipo de competição é necessário ter à mão alimentos sólidos.

Se a competição ocorre em dias de frio, pode-se ingerir como único líquido bebidas adocicadas. No final da competição é importante repor os líquidos e, para isso, deve-se beber cerca de 500 ml de água na primeira hora e depois sucos de frutas. Se depois da corrida ocorrer perda de apetite, opte por uma alimentação à base de carboidratos e verduras. É importante também descansar antes de voltar para casa.

Se a competição de ciclismo demorar vários dias, a situação é bem diferente porque não haverá tempo suficiente para descanso entre as etapas, e também pela dificuldade de repor as perdas de líquido e de glicogênio. Para esse tipo de competição são necessários maior preparação física e um treinamento bem mais rigoroso, e é aconselhável pedir orientação a um especialista (nutricionista, fisiologista etc.) sobre o que comer e beber, tanto na etapa de treinamento como durante os dias de competição.

Iatismo

Muitas vezes, as competições de iatismo ocorrem em condições difíceis, com muito frio ou calor. Além disso, na maioria dos barcos o espaço para guardar alimentos é restrito. Assim, em geral, o iatista se alimenta com produtos em conserva, cujo preparo é bem fácil. O ideal é que sucos, caldos e leite estejam em embalagens longa vida.

As manobras de navegação são uma atividade física de boa intensidade e calcula-se que sejam necessárias 400 kcal para cada hora de navegação competitiva.

Nas travessias curtas é aconselhável tomar um café da manhã que inclua pão, cereais integrais e fruta. Se a travessia ocorrer no inverno, deve-se também comer alguma proteína no café da manhã (ovo quente ou sanduíche de queijo e peru). Durante a travessia, além da água, devem ser levadas frutas e barras de cereais. No verão, evite tomar bebidas geladas. Tome água fresca (de 8 a 10 °C), porque esta é mais facilmente absorvida pelo organismo que a gelada.

No inverno, não tome bebida alcoólica, porque traz uma falsa sensação de calor quase imediata, pela rápida absorção do álcool, mas que logo é seguida por um resfriamento intenso, pela dilatação da pele e dos vasos sanguíneos provocada pelo calor. Prefira caldo de legumes ou chocolate quente não muito adoçado.

Nas longas travessias é aconselhável preparar os cardápios antecipadamente e assim poder calcular melhor suas refeições, como também evitar esquecer algum item básico. É aconselhável levar um suprimento um pouco maior, porque podem surgir dificuldades e a travessia pode demorar mais que o tempo inicialmente previsto.

Os cardápios devem ser simples e fáceis de preparar, mas sempre calóricos para que supram as necessidades do iatista. Quanto ao líquido, o indicado é calcular 3 ℓ de água e 1 ℓ de suco por pessoa por dia. No frio, calcula-se a água e caldos ou sopas leves. No caso de muito cansaço, peça ao seu médico que recomende algum suplemento vitamínico.

Maratona

O esporte mais fácil de praticar é a corrida, pois não exige instalações especiais, pode ser praticada individualmente e em qualquer horário. O objetivo dos que correm uma maratona (42 km) ou meia maratona é percorrer essa distância no menor tempo possível. Diversos fatores permitem um melhor rendimento: o treinamento, as roupas e os tênis adequados e a alimentação.

Do ponto de vista nutricional, o corredor de longa distância necessita de reservas de glicogênio adequadas e da manutenção de um bom nível de hidratação. O maratonista gasta muita energia durante os treinos e deve repô-la para poder correr novamente no dia seguinte. Mas tão importante como repor a energia é a maneira de fazê-lo. Durante o período de treinos, é aconselhável consumir 60% de carboidratos, 25% de proteínas e 15% de gordura.

O maratonista necessita de níveis de glicogênio elevados, uma vez que a maratona é uma prova de resistência. Os melhores alimentos para obter glicogênio são os cereais, as leguminosas e os grãos, as farinhas integrais, as verduras e as frutas. Nos quatro ou cinco dias que antecedem a competição, deve-se aumentar a ingestão de carboidratos, chegando-se assim a um consumo de 70%.

A hidratação adequada é tão importante para o corredor como o glicogênio porque, além de permitir uma hidratação adequada, facilita o armazenamento dos carboidratos. Deve-se tomar água tanto durante os períodos de treino como antes e durante as corridas.

É aconselhável começar a corrida bem hidratado, e ao longo do percurso tomar pequenas quantidades de água. Entretanto, deve-se tomar uma boa quantidade de líquido 30 minutos antes de começar a corrida. Caso contrário, o corredor sentirá o estômago pesado ao correr. Durante a corrida devem ser ingeridos 200 ml a cada 20 minutos, até o final do trajeto.

Há muita controvérsia sobre o que é melhor: beber água ou preparados isotônicos. Na verdade, sob temperatura normal, a perda de sódio e de potássio não exige reposição especial, mas a vantagem dessas bebidas isotônicas é que com seu sabor agradável são mais fáceis de serem ingeridas que água.

Nos últimos quilômetros recomenda-se o consumo de bebidas açucaradas para evitar a queda dos níveis de glicose no sangue. De qualquer modo, durante a competição o corredor não deve tomar nenhuma bebida que não tenha experimentado durante os treinos.

A situação mais temida pelos maratonistas é "o muro", ou seja, a sensação de cansaço que acomete os corredores quando chegam por volta do trigésimo quilômetro do percurso e que é consequência de haver corrido acima de sua capacidade e de haver esgotado os estoques de glicogênio. Quando isso acontece, é aconselhável que o corredor pare, ou que tome alguma bebida que contenha açúcar.

A desidratação ocorre quando o corredor não se hidrata adequadamente ou quando não repõe corretamente o líquido. Quando isso acontece, ele sente mal-estar, cãibras e cansaço. A desidratação com perda de 6% do peso do maratonista pode ter consequências fatais. Terminada a corrida, o competidor deverá repor paulatinamente a perda de líquido e também recompor os níveis de glicogênio. Para isso, deve beber água e seguir uma alimentação parecida com a do período de treinos, ou seja, 60% da energia deve ser proveniente dos carboidratos.

Natação

A natação, ao contrário dos demais esportes, é praticada na água e isso deve ser levado em consideração. Nas travessias de longa distância em águas abertas e, em especial, frias, deve-se levar em conta a perda de calor do nadador. A dieta, nesse caso, deve proporcionar ao nadador alimento líquido e calórico em intervalos de uma hora, embora em geral os treinos e as competições ocorram em piscinas cuja temperatura da água gira em torno de 25 a 27 °C.

É muito comum que os treinos de natação ocorram bem cedo pela manhã ou à noite, depois do trabalho. Assim, o momento de se alimentar e o que comer é muito importante. Se os treinos ocorrem logo cedo, é aconselhável tomar um suco ou comer uma fruta antes de iniciá-lo e tomar um café da manhã mais completo depois do treino. Se ele for à noite, é aconselhável fazer um pequeno lanche lá por volta das 17h00 e depois comer levemente à noite, terminado o treino.

É importante que o nadador apresente peso compatível. Se estiver muito acima do seu peso corporal, terá mais dificuldade em manter um bom ritmo. Muitos nadadores tomam diuréticos para se sentir mais leves na hora de nadar e assim obter um melhor desempenho. Essa prática é totalmente desaconselhável. Diuréticos só fazem o nadador perder líquido. Além disso, podem acarretar graves problemas renais e até cardíacos.

Embora a natação seja uma ótima atividade esportiva, não contribui para o fortalecimento dos ossos. Muitas nadadoras não consomem quantidade suficiente de cálcio. Informe-se com seu médico ou com um nutricionista para saber se você está consumindo cálcio em quantidade suficiente. Assim, evitará futuros problemas de osteoporose.

Tênis

Diferentemente dos demais esportes, a duração de uma partida de tênis em uma competição pode ser bem variável. Isso obriga o jogador a estar fisicamente muito bem preparado, assim como bem alimentado e hidratado.

Como para os demais esportes, o tenista deve ter uma alimentação rica em carboidratos e beber bastante água. Deve também diminuir a intensidade dos treinos na semana que antecede a competição. O tenista deve aproveitar todos os momentos de descanso para tomar um pouco de água fresca. Se a partida durar mais de uma hora, é aconselhável que essa água tenha uma pequena quantidade de sais minerais e glicose.

De qualquer modo, evite tomar líquidos com gás, pois estes podem trazer uma sensação de mal-estar. Se o clima estiver muito quente, uma opção é tomar bebida isotônica diluída em um pouco de água. Ao final da partida tome água – cerca de meio litro –, e somente depois opte por um suco.

Esportes em equipe: basquete, vôlei e futebol

Os esportes praticados em grupo têm características bem diferentes daqueles praticados individualmente. São esportes que exigem resistência do praticante. Muitas vezes são praticados em ambientes fechados e muito quentes. Além disso, a perda de líquido só pode ser reposta durante os intervalos determinados pelas regras estabelecidas para cada um desses esportes em grupo.

Os praticantes dessas modalidades esportivas geralmente treinam de duas a três vezes por semana e realizam uma partida no fim de semana. O jogador deve ter uma alimentação rica em carboidratos. Deve se alimentar cerca de três horas antes dos treinos e evitar bebidas gasosas porque podem causar a sensação de estômago pesado. Caso o treino seja à noite ou no final do dia, o melhor é fazer um lanche e beber bastante água.

Os intervalos durante as partidas devem ser aproveitados para a ingestão de líquido, mas não beba em excesso, porque os intervalos são de 15 minutos e a capacidade de absorção de seu estômago é limitada. As bebidas adocicadas retardam o esvaziamento gástrico. Assim, é preferível beber água fresca. Aproveite também os pequenos intervalos durante a partida para tomar um pouco de água. Lembre-se de que a desidratação favorece a fadiga.

6. Organização e limpeza na cozinha

As receitas deste livro estão separadas em salgadas e doces e estão em ordem alfabética. São fáceis, rápidas de preparar e todas elas vêm acompanhadas de uma tabela com o valor nutricional total do prato, e não da porção.

Leia a receita, separe os ingredientes, e assim não será preciso correr de um lado para o outro da cozinha para pegar a faca, depois a cebola, a seguir a colher que está no fundo da gaveta e depois ir procurar a farinha guardada no armário, enquanto você se desespera ao sentir um cheiro de queimado saindo da panela que está no fogo e se espalha pela cozinha!

Por falar em farinha, a utilizada nas receitas é sempre a de trigo, a menos que esteja indicada outra, e o leite é sempre o desnatado e natural. O mesmo vale para o iogurte. O tempo de preparo indicado na receita é apenas um referencial, pois depende essencialmente da habilidade do cozinheiro. Assim, se você é novato na cozinha, é aconselhável prever mais tempo. Nada mais frustrante que demorar 15 minutos para ralar uma cenoura quando na receita está escrito que essa tarefa requer 5 minutos!

Quanto ao tempo de cozimento, depende de muitas variáveis. Em primeiro lugar, do tipo de energia: forno elétrico ou a gás (de rua ou de botijão). Há também o fogão – alguns aquecem rápido e bem, outros não. Há também o material: panela de alumínio, de vidro, de inox, esmaltada, de cerâmica vitrificada e outras. E o tempo e a forma de cozimento de cada uma delas diferem.

Por último, também contribui o próprio produto. Uma carne pode ser tenra ou difícil de cozinhar, estar na temperatura ambiente ou não.

Organização e limpeza na cozinha são mais uma questão de higiene que de estética. Portanto, é aconselhável que você:

- Lave as mãos antes de começar a cozinhar ou a mexer com os alimentos. Lavar as mãos é uma das medidas básicas e mais eficientes para se evitar a contaminação.
- Se tiver cabelos longos, prenda-os. É desagradável, e para algumas pessoas chega até a cortar o apetite, a visão de um fio de cabelo no meio de um apetitoso purê de batatas.
- Jogue fora pães, cereais, grãos, frutas secas e outros alimentos que apresentam sinais de mofo, pois são impróprios para o consumo. O fungo que causa bolor não é prejudicial à saúde, mas geralmente vem acompanhado por outras espécies de fungos e de bactérias que podem ser prejudiciais ao organismo.
- Evite comprar grãos e frutas secas a granel em feiras e mercados, porque tais produtos não contêm indicação sobre o prazo de validade, origem, distribuição etc.
- Não compre alimentos enlatados quando as latas estiverem amassadas, estufadas ou apresentarem sinais de ferrugem.
- Não consuma alimentos enlatados quando a solução aquosa apresentar alguma destas características: estar espumante, escurecida ou viscosa, ou ainda quando o produto estiver muito mole ou se desmanchando.
- Depois de abertos, não conserve os alimentos enlatados na própria embalagem. Eles devem ser guardados em vasilhames de vidro ou de plástico e conservados na geladeira por, no máximo, dois dias, ou conforme as instruções da embalagem.
- Não compre alimentos acondicionados em embalagens longa vida (leite, sucos, cremes, molhos e outros) quando estiverem amassadas ou estufadas. Depois de aberto, o leite ou o suco longa vida deve ser conservado na geladeira na própria embalagem e ser consumido, no máximo, em três dias.
- Mantenha os alimentos longe da luz solar e da umidade.
- Não compre a carne já moída exposta no açougue. Escolha um pedaço e peça para moer. A carne moída deve ser consumida no mesmo dia em que é comprada porque é mais facilmente contaminada.
- Guarde a carne no congelador ou na parte mais fria da geladeira (no alto).

- Depois de cortar qualquer tipo de carne crua na tábua, é aconselhável lavar a faca e a tábua antes de usá-las para cortar outros alimentos, ou então virar a tábua e mudar de faca.
- Se comprar peixe fresco, prepare-o no mesmo dia da compra ou, no máximo, no dia seguinte.
- Se descongelar algum alimento, não volte a congelá-lo para evitar contaminação (essa recomendação vale também para sorvetes – uma vez derretido, é melhor jogá-lo fora que correr riscos de contaminação).
- Sempre que possível coma as frutas como maçãs, peras e outras com a casca, mas não se esqueça de lavá-las muito bem para evitar contaminação com resíduos ou agrotóxicos.
- Lave bem verduras e folhas para retirar a terra, os resíduos de sujeira e eliminar os agrotóxicos. As folhas das verduras devem ser lavadas cuidadosamente sob água corrente. A seguir, devem ser deixadas em uma solução bactericida e depois enxaguadas e secadas. Lavadas, secas e acondicionadas em sacos plásticos, as verduras se conservam por muitos dias guardadas nas gavetas inferiores das geladeiras.
- Leite em pó, café e chá devem ser guardados em latas ou em vasilhames de vidro ou plástico e assim se conservam por vários meses.
- Queijos tipo parmesão se conservam por vários meses envoltos em filme plástico e guardados na geladeira.
- Cereais, grãos, açúcar e massas se conservam melhor quando colocados em vasilhames de vidro ou plástico e guardados longe da luz, da umidade e de fontes de calor.
- Guarde os ovos na geladeira.
- Conserve a manteiga, a margarina e os queijos na geladeira.
- Compre temperos e ervas em pequena quantidade porque, depois de seis meses, eles perdem o sabor e o aroma. Guarde os temperos em pequenos vidros tampados e longe do calor, da umidade e da luz solar.

"A energia vem de três combustíveis: o açúcar, a proteína e a gordura. Em situações normais, sem subnutrição e atividades físicas exaustivas, usamos pouco destes combustíveis." Dr. Paulo Zogaib

7. Pesos e medidas

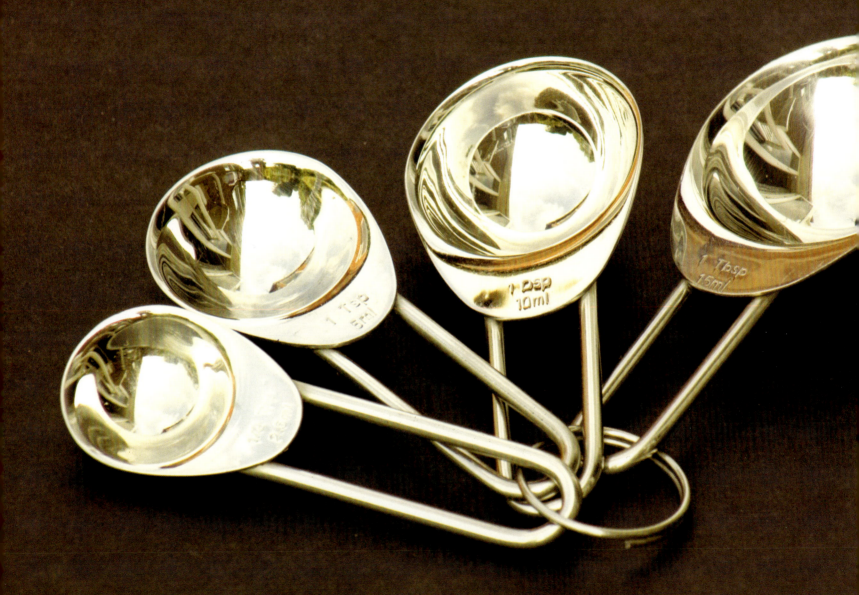

C om exceção de alguns pratos preparados com gelatina, fermento e bicarbonato de sódio, que exigem medidas absolutamente exatas, a maioria dos pratos não pede tamanha rigidez no cálculo dos seus ingredientes. No início, você talvez fique pesando ou medindo os ingredientes, mas, depois de algum tempo, o seu "olhômetro" bastará para colocar o óleo na panela, temperar com 1 colher de sopa de salsa, ½ colher de chá de mostarda etc.

De qualquer modo, apresenta-se a seguir uma tabela de correspondência entre gramas, xícaras, copos e colheres. O volume indicado é aproximado, porque nem todos os copos são de 200 ml, nem todos os alimentos têm a mesma densidade e nem todos os utensílios têm exatamente o mesmo tamanho e comportam o mesmo volume.

Pesos e medidas

1 colher de café = 5 ml
1 colher de café rasa = 5 g
1 colher de café cheia = 7 g
1 colher de sobremesa = 10 ml
1 colher de sobremesa rasa = 11 g
1 colher de sobremesa cheia = 14 g
1 colher de sopa = 18 ml

1 colher de sopa rasa = 18 g
1 colher de sopa cheia = 25 g
1 xícara = 120 ml
1 xícara = 125 g
1 copo = 200 ml
1 copo = 250 g
4 copos = 1 kg

"**Numa cidade como São Paulo**, tudo depende do tipo de vida que se leva, da disponibilidade que se tem, e da disciplina de cada um. Para quem vai treinar indico sempre: **coma** uma fruta, **um sanduíche integral**, algo leve e nutritivo." Erick Bell

8. Entrevistas

" O esporte do dia a dia, para todos que buscam a **atividade para ficar em forma** e não engordar a alimentação é fundamental e muito mais atraente. "

Oscar Schimidt

VALOR DA ALIMENTAÇÃO

Dr. Paulo Zogaib
Professor da Universidade Federal de São Paulo. Médico-fisiologista da Sociedade Esportiva Palmeiras. Coordenador do Centro de Medicina Esportiva do Esporte Clube Pinheiros.

Produção de energias mantém a vida

Somos máquinas humanas e temos que produzir energia para a manutenção da vida, para o funcionamento dos nossos órgãos, como também para produzir energia para a atividade física. Essa energia vem da queima de três combustíveis: os açúcares, as proteínas e as gorduras. Em situações normais, sem subnutrição e atividades físicas exaustivas, usamos pouca proteína como substrato energético. Nosso cérebro, os músculos, os órgãos e tecidos nobres do organismo são feitos de proteínas, e o corpo os protege diminuindo a metabolização da proteína para preservá-los. Se eu estou em repouso, produzo energia metabolizando uma mistura mais rica em gordura do que em açúcar, 80% de gordura e 20% de açúcar.

Em atividade física funciona assim: quanto maior a intensidade do exercício, metabolizo menos gordura e mais açúcar. Quanto maior a minha capacidade de produção de energia, melhor meu desempenho, e é isso que vai determinar se um atleta será melhor do que o outro.

Outros fatores interferem no desempenho, como as características genéticas e o grau de treinamento, mas na hora da atividade o combustível é extremamente importante. Um atleta de alto nível gasta uma quantidade enorme de energia, e quanto maior a intensidade do exercício, mais açúcar será utilizado. A alimentação de um atleta deve conter cerca de 75% ou mais de açúcares complexos, e mesmo aqueles que não fazem atividade física devem consumir em torno de 60%.

A qualidade da alimentação no desempenho da atividade física

Duas coisas são fundamentais: a quantidade e a qualidade da comida. A quantidade deve ser compatível com o gasto nas 24 horas, inclusive durante a atividade física. Ingerir alimentos de boa qualidade, além de diminuir as incidências de doenças, como diabetes, colesterol, e coronariopatias, pode permitir que você coma até mais, sem gerar aumento de peso. Trabalho com um aparelho que mede a quantidade de energia gasta. Primeiro é preciso analisar o metabolismo de cada um, que é diferente. Quanto você está produzindo de energia durante o repouso? A resposta é extremamente sensível aos hábitos alimentares, de sono, estado emocional, medicações e prática ou não de atividade física. Preciso ter uma estimativa ou medida desse gasto calórico, quantificar o próprio gasto da atividade física específica, para depois saber quanto esse atleta vai ter de comer. Preciso saber se ele tem gordura sobrando ou não, se a gasta e o que ele come, para então criar um deficit para ele voltar para o peso. Se o atleta se conscientizar, fica mais fácil. De posse dessas informações, envio para o preparador físico, endocrinologista ou nutricionista os resultados. Alguns atletas estão abaixo do peso ideal porque o treinamento é excessivo e/ou não se alimentam corretamente, e isso implica uma piora no desempenho físico. Alguns estão acima do peso, e apesar de, em casos raros, apresentarem características genéticas desfavoráveis, a reeducação alimentar e adequação ao gasto calórico resolvem a situação.

Mudança no metabolismo

Por volta dos 45 anos, as pessoas começam a diminuir as secreções hormonais; isso é muito variável, é o que chamamos de "pausas". A menopausa determina a diminuição do estrógeno e da progesterona; a andropausa a diminuição da produção de testosterona; a somatopausa a diminuição da produção do hormônio do crescimento. As "pausas" alteram o metabolismo, além de diminuir o metabolismo e, portanto, a mesma quantidade de comida que se ingere, acaba sendo maior do que antigamente, quando se era mais novo. Lidamos mal com a gordura, perde-se massa muscular, tem-se gordura infiltrada na massa muscular, o que vai dificultando mais o acerto da dieta em função do gasto calórico. Independente do caso ou da causa da obesidade, a dieta sempre vai ajudar, não tem jeito, se a gente não fornecer, o corpo não faz fotossíntese.

O melhor açúcar, a melhor gordura e a melhor proteína na alimentação

O açúcar

O açúcar simples é o refinado, a glicose, a sacarose, a bala, o bombom, o chocolate, os doces, o açúcar mascavo. A frutose, apesar de ser simples, é um carboidrato bom, o metabolismo da frutose não é tão acelerado quanto o da sacarose, ela acaba se comportando mais ou menos como o açúcar complexo. Os açúcares complexos são os cereais, o trigo, a aveia, a cevada e o arroz. O carboidrato contido nesses cereais é o melhor que se tem, além disso, as raízes e tubérculos também têm carboidratos complexos, como o amido da batata. Na hora da alimentação, a distribuição fica assim: 65% de açúcar (de carboidratos complexos), 15% gordura e 20% proteína.

De forma bem genérica, temos dois grupos de açúcares: carboidratos simples e carboidratos complexos. A diferença entre eles é basicamente o tamanho da molécula. O simples é uma molécula pequena e o complexo são várias pequenas moléculas grudadas que formam uma "moleculona". Esse carboidrato simples é facilmente digerido, é o açúcar comum, refinado. Se eu como uma bomba de chocolate e fico parado, o açúcar é rapidamente absorvido. O organismo não consegue guardar muito açúcar no corpo, porque começa a aumentar a glicemia, e, como secretamos insulina, tiro esse açúcar do sangue e jogo para dentro da célula. Temos um limite de estoque de açúcar na célula. Então acabo transformando isso em gordura, e é ruim. O carboidrato complexo demora mais para ser absorvido, ele vai sendo metabolizado mais lentamente, e não se converte rapidamente em gordura.

Dieta do carboidrato

O que acontece é que todas essas dietas visam uma mudança rápida do peso. Mas o excesso de peso, muitas vezes, leva dez anos ou mais. O indivíduo está com 30 kg a mais, mas quanto tempo ele levou para ganhar esse peso? Só que na hora de perder esses 30 kg, ele quer perder em seis meses. Então, fisiologicamente, no funcionamento normal não seria assim, tanto que ele demorou dez anos para ganhar 30 kg, logo precisaria de dez anos para perder esses 30 kg, mas claro que ninguém quer esperar isso. Então, ele começa a lançar mão de teorias e de práticas não fisiológicas que se afastam do funcionamento natural do organismo. Às vezes, essas dietas causam danos, às vezes não causam nada, quer dizer, não produzem resultados. Na maioria das vezes, produzem resultados, mas por muito pouco tempo, porque como estão fora da normalidade, não consigo suportar por muito tempo, como aquela dieta do Dr. Atkins, pela qual se come somente gordura e proteína. Não se consegue manter por muito tempo esta dieta. Não se pode comer nem uma migalha de carboidrato. E o brasileiro sempre comeu milho, pão, batata, arroz e feijão, é uma loucura! Todas estas dietas são desvios da normalidade. O organismo não consegue sustentar isso por muito tempo, por isso que vivem criando dietas. Sempre aparece uma dieta nova. Se alguma delas funcionasse, não precisaria aparecer a segunda!

A gordura

Do mesmo modo que os carboidratos, também existem gorduras boas e ruins. Quanto maior a consistência, pior a gordura. Então, por exemplo, a banha de porco, com consistência grande e pesada, é a pior. A manteiga é um pouco pior que a margarina, apesar de ainda não se saber, com certeza, se faz mal ou não. Os óleos vegetais são as melhores gorduras para se comer. O azeite de oliva é uma gordura ótima. Quanto mais finos e leves, melhores serão. A dieta deve conter cerca de 15% ou 20% de gorduras vegetais por dia. Do mesmo jeito que você evita os carboidratos simples, tente evitar as gorduras mais pesadas. Tem gente que come torresmo na padaria e diz que não pode fazer mal, porque é muito bom, se fizesse mal o organismo rejeitaria. É claro que sabemos que faz mal, mas tem o aspecto emocional, o prazer. O que dá sabor ao alimento é o sal e a gordura. As comidas mais salgadas e gordurosas são as mais saborosas, e a indústria alimentícia sabe disso. É preciso ter bom senso!

A proteína

O que define se uma proteína é boa é o seu valor biológico. Temos 22 aminoácidos no corpo e as proteínas são formadas por aminoácidos. Cada proteína tem um conjunto de aminoácidos, não exatamente 22, às vezes 10 ou 12. Conforme o tipo de aminoácidos e a disposição desses aminoácidos, produzimos uma proteína diferente, uma fibra muscular, um anticorpo, uma célula de um órgão etc. E a proteína que eu como também é formada por aminoácidos.

Quando se chama de proteína de alto valor biológico é uma proteína que tem os 22 aminoácidos, ou muitos deles. E proteína de baixo valor biológico é uma proteína que tem poucos aminoácidos. Um exemplo clássico é o feijão com arroz: se isolarmos o feijão do arroz, e analisarmos separadamente, vamos ter duas proteínas de baixo valor biológico, mas unida transformam-se em proteínas de alto valor biológico. O feijão é uma proteína vegetal, o arroz contém proteína vegetal e carboidrato complexo. O arroz integral, que contém mais fibras, seria melhor ainda. Portanto, o feijão com arroz do dia a dia, mesmo que não seja a melhor alimentação que existe, é barato e fornece muitos nutrientes. Para se alimentar dois bilhões de pessoas na China, sem gado e peixe suficientes, a única solução é utilizar as proteínas vegetais, e por isso o arroz é a base de sua alimentação.

As proteínas animais contêm gorduras. Por isso, o melhor é escolher aquelas de menor conteúdo de gordura, como os peixes, o frango e o peru. Os peixes levam vantagem porque são ricos em ômega 3, um óleo que ajuda a baixar o colesterol.

O valor calórico do alimento

Nos últimos anos ficou comprovado que devemos fazer um número grande refeições ao dia. Quando ficamos muito tempo em jejum, não estamos recebendo energia, e o organismo percebe e gradativamente vai inibindo o metabolismo. O que normalmente se faz? Quem quer emagrecer resolve então tomar só café preto no café da manhã; no almoço come qualquer coisinha ou nem come nada, e vai segurando a fome, e, quando chega a noite, não aguenta mais e detona tudo! Durante o dia foi inibindo o seu metabolismo o tempo todo porque não comeu, à noite se enche de comida com o metabolismo bastante diminuído. É a pior coisa para se fazer!

Quando ingerimos um alimento, gastamos energia para digeri-lo. Alguns alimentos requerem mais energia que outros, ou seja, são mais difíceis de serem digeridos. Essa quantidade de energia gasta para a digestão é o que se chama de valor calórico do alimento. Um exemplo: o organismo gasta mais energia para digerir e absorver um pepino com casca do que sem casca. A casca é rica em fibras, e o organismo tenta digeri-las sem que haja absorção de energia, portanto, mesmo que eu tenha comido uma quantidade maior de alimento (a casca), na conta final acabei absorvendo menos energia. Por isso os vegetais são importantes, têm alto teor de fibras, além de vitaminas e minerais. Alimentar-se seis vezes por dia, fracionando a alimentação, estimula o metabolismo o tempo todo. A mesma quantidade de comida ingerida em seis refeições leva, por exemplo, a uma absorção de 1.500 kcal. Se for ingerida em três refeições, a 1.700 kcal. Em uma refeição, 2.000 kcal.

Alimentação correta aumenta desempenho

Quando se faz uma dieta adequada, o ganho no rendimento físico é muito maior. A dieta pode tanto ser uma aliada como uma adversária. A alimentação imediatamente anterior à atividade física deve ser feita em torno de três a quatro horas, para encher o tanque de combustível. A alimentação posterior deve ser feita o mais rápido possível, para repor o estoque que queimamos durante as atividades. Ficar muito tempo em jejum ou fazer atividade física em jejum é errado. Se alguém alegar que agora está melhor do que antes, é porque antes ele estava mais errado ainda. A alimentação pode ser utilizada para potencializar o efeito do exercício. Se estamos com os estoques cheios, vamos conseguir fazer muito mais exercício, e, portanto, gastar muito mais energia. Mais uma vez o bom senso e o fisiológico são muito mais producentes.

Complementos alimentares

Para o cidadão comum não há necessidade de utilização de suplementos alimentares. A dieta adequada é mais do que suficiente para determinar um bom desempenho. O que ocorre, muitas vezes, é se pagar bem mais caro por um bife ou por um arroz integral, na forma de líquidos ou pós. Você está no seu trabalho, a hora do almoço passa, você vai esticando. Já deveria ter comido uma fruta no meio da manhã, mas só tomou uns três cafés. Você sabe que não vai parar para almoçar e, então, come uma barrinha. Pode até ter sido melhor comer a barrinha do que não comer nada, mas sem dúvida, se você tivesse seguido um planejamento alimentar adequado, não precisaria do suplemento e seu desempenho seria muito melhor. A vida agitada pode dificultar a alimentação correta e o uso de complementos ou suplementos podem ser atraentes e algumas vezes até benéficos, mas nunca serão substitutos ideais.

Nutricionista dá noções dos grupos alimentares

Os nutricionistas estão sendo mais requisitados hoje do que há 15 anos. É importante ter conhecimento das dietas equilibradas. A vida nas grandes cidade, muitas vezes dificulta uma alimentação correta. O rapaz come na escola, corre para o clube para praticar um esporte e nem sempre tem noção do que deveria ter comido. Mesmo que não se consiga seguir à risca o cardápio fornecido pelo nutricionista, suas orientações vão ajudar a escolher os melhores alimentos na cantina da escola, bem como os horários em que eles devem ser ingeridos.

A comida faz parte de um contexto muito mais amplo do que o clínico e nutricional. Ela faz parte das nossas relações pessoais. Convidar alguém para jantar é quase uma declaração de seus sentimentos. Os hábitos e os costumes estão arraigados em nós desde a infância. A lembrança do bolo da vovó, da sobremesa da titia. As festas, o Natal, a Páscoa, os aniversários, todas as comemorações estão ligadas à comida e aos nossos sentimentos. Comer um bolo de chocolate pode trazer tanto prazer e lembranças tão agradáveis que, muitas vezes, temos de pensar duas vezes nos prós e contras de proibir a sua ingestão. O que nos resta, então? Mais uma vez, ele! O bom senso! Um pedacinho pequeno, deixado na boca por algum tempo, remetendo-nos às lembranças, enchendo-nos de satisfação, sem que nossa glicemia vá às alturas ou o colesterol nos entupa as artérias!

Ganhar massa muscular

Já falamos que à medida que envelhecemos, diminuímos nossas secreções hormonais e que dentre os diversos efeitos advindos disso está a perda de massa muscular. Quando deslocamos nosso corpo nas atividades diárias, gastamos energia. Quanto melhor for a relação entre a quantidade de músculos e o peso total do corpo, mas fáceis serão essas atividades, mais disposição teremos e melhor nos sentiremos. A manutenção e/ou o ganho de massa muscular são fundamentais para uma melhor qualidade de vida. A combinação entre a dieta e os exercícios de musculação é muito importante para isso. É claro que não estamos falando de exageros, e por isso todos, independente da idade, devem estar atentos a isso. Dietas com cerca de 1 a 1,5 g de proteína por quilograma de peso por dia são suficientes para um bom ganho de massa muscular, e em raros casos precisaríamos de mais. Exercícios contra resistência (musculação), praticados três vezes por semanas, somados ao exercícios aeróbios, completam o quadro para a melhora da qualidade de vida.

A fonte proteica do leite

Somos mamíferos e, portanto, o nosso primeiro alimento é o leite. A amamentação de uma criança, por si só, é suficiente para fornecer todos os nutrientes necessários para o seu desenvolvimento por, no mínimo, seis meses. Isso ocorre porque o leite é um alimento completo. Contém proteínas de alto valor biológico, carboidratos, gorduras, vitaminas e minerais, da mesma forma os seus derivados, o iogurte, os queijos e a manteiga. À medida que crescemos e introduzimos outros alimentos na nossa dieta, diminuímos a nossa necessidade de leite. Se dermos preferência ao leite e seus derivados desnatados, ou seja, com o mesmo teor dos diversos nutrientes, porém com menos gorduras, estaremos ingerindo um ótimo alimento. Além disso, o leite contém grandes quantidades de cálcio, muito importante para evitar a osteoporose.

DIETAS ESPECIAIS

Quando pensamos nas doenças como o diabetes, a pressão alta e o colesterol alto, é claro que a dieta e a abordagem dos exercícios terão de ser especiais, mas para grande parte da população as orientações gerais são suficientes. Alguns atletas praticam modalidades extremamente exageradas, que nada têm de saudáveis, como o Iron Man, a ultramaratona, corrida de 24 horas e corridas de aventura. Essas modalidades também vão requerer cuidados especiais, pois os riscos são muito elevados.

OS EXCESSOS PODEM, SEM ROTINA

A combinação entre dieta equilibrada, hábitos saudáveis e exercícios físicos regulares lhe darão uma melhor qualidade de vida. Os benefícios ocorrem a longo prazo, portanto, esse estilo de vida deve ser permanente. Se na maior parte do tempo você segue o mais saudável, é claro que pequenos exageros esporádicos não vão trazer prejuízos. Um organismo treinado, habituado a uma dieta correta, tem melhores condições de absorver e lidar com esses pequenos excessos. No jantar, na casa do seu amigo, você poderá aceitar a sobremesa, fazendo uma gentileza a ele e a você, sem culpa. Se durante uma viagem os exercícios não puderem ser feitos com a mesma intensidade e duração, pequenas caminhadas serão capazes de "segurar" as coisas até a volta. Com a intenção de ser redundante, tenha bom senso! Alie os amores, os prazeres, os sucessos, as conquistas à sua saúde. Viver melhor e por mais tempo lhe dará a chance de fazer mais coisas prazerosas e, portanto, de ser feliz!

CONSELHOS ALIMENTARES
ERICK BELL

Atleta e ex-técnico de natação. Formado em fisioterapia, é *personal trainner* e técnico do Clube Paulistano. Trabalha com natação, principalmente polo aquático. Por mais de vinte anos, trabalhou na seleção brasileira, foi atleta da seleção de natação e polo aquático. Sua máxima: "Informação não enche, não engorda e faz muito bem para manter a saúde".

EQUILÍBRIO É A BASE DA BOA ALIMENTAÇÃO. SÓ ISSO

Hoje em dia, está muito na moda falar de educação alimentar ou reeducação alimentar. Eu tenho muita experiência comigo mesmo como atleta e como técnico, tenho muito contato com nutricionistas que vão ao clube até para estagiar. Uma coisa que aconteceu comigo – eu tinha um pediatra até uns 16 anos e ele falava uma coisa muito simples e interessante sobre isso: "equilíbrio na alimentação", essa é a base – um equilíbrio nos alimentos, comer de tudo. E o grande segredo está aí. Só isso ou só aquilo, talvez por um determinado tempo possa ser necessário, mas se você for pensar numa longevidade como atleta ou como uma pessoa que pratica esporte sem querer ter um alto desempenho, o equilíbrio é o caminho.

As culturas são determinantes, mas também deixam sequelas

De alguma forma todas as culturas têm suas características alimentares. Isso até pelo clima, tipo físico. No Japão, por exemplo, há sequelas. A base deles é o arroz, o peixe e os legumes, mas eles têm porte pequeno, são mais espiritualistas e o clima é também fundamental. As diferenças existem pela cultura, temperatura, clima. Se tudo é diferente, a alimentação também precisa ser.

Na prática do exercício, o objetivo determina a escolha da alimentação

Tudo depende do objetivo que você tem; se você tem um atleta de ponta, que treina em uma equipe de ponta, por exemplo, a carga de treino que essa pessoa sofre é muito mais intensa que o não atleta, então ela tem de ter uma alimentação diferenciada. Como eu falei para você, o equilíbrio é o melhor caminho e tudo depende do seu objetivo e do que você vai fazer para chegar a esse objetivo.

Tudo depende do objetivo que a pessoa tem. Eu vejo assim, a vida muda muito. Em uma cidade como São Paulo, tudo depende do tipo de vida que você leva, da disponibilidade que você tem. Por exemplo, uma pessoa que sai correndo do trabalho e vai treinar, tem de pensar no que vai comer. O que eu indico? Uma fruta, um sanduíche integral, porque é uma coisa mais leve, mais nutritiva.

Mas o que come quem sai correndo do trabalho? Calma, ela até pode comer um McDonald's, mas aconteceu, foi uma vez ou outra, não é um hábito. Por isso eu digo que tem de ter certo equilíbrio – tudo depende se você vai queimar esse McDonald's. No próprio McDonald's já tem alguma coisa mais leve, hoje já existem saladas, sanduíches mais leves. Em vez de tomar um refrigerante, tome um suco.

Não ser radical é uma boa regra

Eu não sou radical. Eu procuro comer o mais saudável possível, mas às vezes esqueço e como uma barra de cereal, mesmo que processado, eu acho que eu já estabeleci isso, é uma prática, eu seleciono.

Alguns conselhos úteis

Não ser radical, manter o equilíbrio, ainda acho que tudo que é radical não funciona. Acho que você tem também que saber o que funciona para você.

Uma vez eu li uma reportagem do Turíbio L. B. Neto, um fisiologista, que fez um estudo com atletas amadores sem alimentação regrada e pessoas sedentárias com alimentação regrada. Ele constatou que os sedentários que se alimentavam direito emagreciam mais facilmente e melhor que os que praticavam esporte. Olha que interessante! E ele é um cara superconceituado, fisiologista de ponta. Ou seja, a alimentação é importantíssima.

Alguns grandes erros

Gula, ansiedade etc., 90% das pessoas normalmente têm desequilíbrio emocional. Deixam a comida ser uma forma de escape. Hoje, as opções de comida são muito grandes. Antes você tinha uma vida mais regrada, hoje não. Mas em contrapartida tem muito mais informação do que antes. Todos sabem o que são bons alimentos – as verduras, as frutas, mas, por incrível que pareça, poucos fazem uma alimentação correta. É essa história de a cidade ser uma loucura, quando você deixa de lado os cuidados e desconta isso na comida. Este é o grande perigo, o grande prejuízo.

Eu oriento, mas quando vejo, quando percebo maior dificuldade, faço o encaminhamento para uma nutricionista, que é a pessoa especializada. As bases pelas quais me oriento são o trabalho e a experiência, mas eu prefiro indicar o profissional quando percebo que o desempenho não está legal ou quando em uma conversa com o atleta e percebo algum distúrbio ou dificuldade com a alimentação.

Erros que as pessoas cometem durante a prática do exercício

Comer mal antes de treinar. Uma vez, dando aula, uma menina começou a ficar branca com o lábio roxo, e chegou até a desmaiar. Eu perguntei se ela tinha comido antes de treinar. Ela já não comia desde a hora do almoço e além de tudo me disse que tinha almoçado mal. Ela teve então uma hipoglicemia. Esse é um erro dos mais comuns, pensar que não se deve comer direito antes de treinar.

Erros mais comuns:
- Não comer antes de treinar.
- Ficar sem comer à noite, sem jantar – o organismo é sábio, e se você fica sem comer o organismo armazena. Ele entende que precisa guardar e você acaba engordando.
- Comer pequenas quantidades e várias vezes – não machuca o estômago e o organismo absorve melhor os alimentos, com o

sistema digestivo em funcionamento mais tempo. Assim você queima energia e por isso emagrece. Veja que interessante.

- Controlar a gula e a ansiedade, não alimentar a preguiça.
- Ter em mente que o sono é tão importante quanto a alimentação em todo seu desempenho – inclusive no esporte.
- Suplemento só para atleta e com orientação do nutricionista e do médico – pode sobrecarregar o rim o fígado e provocar transtornos graves.
- Evitar frutas à noite. Elas têm muito açúcar.
- Evitar a tentação, comer chocolate com moderação.
- Pensar na saúde antes de tudo.
- Manter o bom peso, o equilíbrio do corpo.
- Informação, procurar estar sempre bem informado, ter cultura sobre os alimentos.
- Se sentir dificuldade de controle e de equilíbrio, procure um profissional.

Pessoa comum na prática do exercício

Ela precisa de mais informação, então eu digo, informe-se. Hoje é muito fácil, tem muita informação – um computador, um livro, revistas especializadas, médicos.

Muito cuidado! Suplementos alimentares só com objetivos saudáveis e orientação de um nutricionista.

Os profissionais tomam mais suplementos que os amadores. Eles são interessantes quando você tem um objetivo saudável, quando está em busca de um melhor desempenho, mas sempre com uma orientação médica ou de um nutricionista, porque eles podem sobrecarregar o seu rim, o seu fígado, podem causar transtornos graves.

Tem muita gente mal informada. Presta-se pouca atenção nos limites físicos, ignorância mesmo, o cara quer aumentar cada vez mais a força e melhorar o físico sem ver as consequências. Tem o caso dos meninos que morreram porque tomaram anabolizante de cavalo!

Vaidade exagerada é um perigo

E como eu estava falando de suplementos e tal, estou vendo que as pessoas estão chegando a um ponto de vaidade absurdo. Onde vale tudo para ficar bonito ou forte. Se tiver que comer prego, elas comem para ficarem saradas. Até que ponto vai isso? É o que estávamos falando, é uma questão cultural – você passa na banca e vê uma variedade de revistas sobre dieta. Isso tudo tem muita influência e nem sempre positiva sobre as pessoas. Nem toda revista é séria e responsável, nem mesmo os programas de televisão.

A preocupação com quem pratica esporte é a mesma. É até maior, o desejo é o mesmo. Ele come até um gravador se precisar, come prego.

Essa moça que ganhou o Pan está enorme, forte uma barbaridade, provavelmente é doping, É natural que se pergunte, você não vê pessoas assim pela rua, não vê nunca. E tudo isso para atingir o objetivo.

De novo: o equilíbrio é o caminho, tanto no aspecto emocional como na alimentação. Use a experiência de bons profissionais.

Há problemas. Aqui no Brasil temos muitos casos de distúrbios alimentares. Talvez ocupemos o primeiro lugar do mundo em termos de exigência da magreza. Entre os adolescentes isto é grave. E acompanha esta exigência a busca pela cirurgia plástica.

O importante a acentuar é que a palavra é equilíbrio. Se sentir necessidade, procure um profissional, busque o bom senso, faça um acompanhamento, tente buscar o meio termo sempre. Se você não é um atleta de ponta, não é obeso, procure se cuidar, equilibrar o peso, porque o importante é manter a saúde. Juntamente com o esporte, mas principalmente a alimentação, então procure um equilíbrio, o chocolate, por exemplo, coma sem pressa e com muita, muita moderação.

Mas também evite a tentação, todo mundo tem uma, então evite!

Tentação, gula, falta de bom senso estragam a alimentação e a saúde

Tudo tem de ser estudado, porque mesmo a fruta, à noite, faz muito mal, porque tem muito açúcar que é armazenado porque você não gasta. Tudo o que não se gasta, é energia guardada no corpo. Sem muita teoria, mas com equilíbrio. Não exagere, coma direito e tome cuidado com o estômago vazio, que é um grande segredo, já que a voracidade depois é certa e faz muito mal.

Da mesma forma, mas tem de lembrar que o esportista gasta muito mais energia e tem um metabolismo mais rápido. E se você é um atleta de ponta, tem que regrar mais e usar o bom senso nos dois casos. Usar o bom senso e se informar.

NUTRIÇÃO E ESPORTE

Jamile Maria Sallum de Lacerda
Nutricionista, Hospital Sírio-Libanês.

Veja os exemplos de casa; se for necessário, os próprios pais devem mudar seu hábito alimentar. Não precisamos ser uma modelo de passarela, com peso mísero, ou artista de televisão. Vamos ser saudáveis. Seja seu próprio exemplo.

O BOM RENDIMENTO ESPORTIVO SEM PREJUÍZO PARA A SAÚDE, COM BOM ACOMPANHAMENTO DE NUTRICIONISTA QUE DARÁ O PESO À INDIVIDUALIDADE

Não vamos pensar em um atleta de elite, em Ronaldinho, que é um atleta de alta competição, com treinamento diário. Isto só é útil para ele mesmo. De uma forma geral, precisamos contemplar as nossas necessidades nutricionais de gorduras, carboidratos, proteínas, fibras, vitaminas e minerais, por isso o auxílio de um nutricionista é tão importante.

As necessidades calóricas e proteicas dos homens são maiores do que a das mulheres, em razão da diferença de composição corporal entre eles: proporcionalmente, homens apresentam maior porcentagem de tecido muscular e menor porcentagem de tecido adiposo (gordura) que as mulheres. Por outro lado, as mulheres necessitam de maior ingestão de alimentos ricos em cálcio. As diferenças devem ser analisadas individualmente, porque devemos considerar os níveis de atividades de cada um. Daí a importância de um acompanhamento profissional.

É VISÍVEL QUANDO UM ESPORTISTA TEM BOA ALIMENTAÇÃO, ALÉM DE VISÍVEL É MENSURÁVEL

Uma pessoa vai para a academia pela manhã praticar musculação e se alimenta de leite com chocolate e duas fatias de pão integral com manteiga dez minutos antes de iniciar a atividade. Para ir trabalhar, até seria um bom café da manhã, entretanto, para a prática de uma atividade física pode não ser o ideal, pois a pessoa pode sentir desconforto gástrico e intestinal. Para este momento, pode-se pensar em 40 ou 60 minutos antes com a composição de um suco de laranja, pão branco com geleia e uma fatia de queijo branco.

O BOM RESULTADO DE UMA VIDA SAUDÁVEL SOMA UMA ATIVIDADE FÍSICA COORDENADA E UMA ALIMENTAÇÃO SAUDÁVEL. É MUITO IMPORTANTE NÃO SEGUIR DIETAS DA MODA

- Nenhuma dieta que faça restrições exageradas trará algum benefício.
- Restrições severas de gordura, por exemplo, poderão acarretar deficiências vitamínicas importantes, pois quatro vitaminas (A, D, E e K) são solúveis em gordura.

- *Restrição severa de carboidratos também não deve ser o ideal, pois os carboidratos são a principal fonte de energia para o nosso organismo.*
- *Suplementos nutricionais devem ser utilizados com muita parcimônia, geralmente os desportistas não necessitam de suplementação, pois adequando a alimentação já conseguirão suprir as necessidades dos praticantes de atividade física. Diferentemente de um atleta, cujo gasto calórico-proteico, por exemplo, é alto, somente a alimentação pode não ser suficiente, necessitando da utilização destes suplementos.*
- *De uma forma geral, as mulheres restringem muito a alimentação, pois sempre querem perder uns quilinhos. Muitas começam a praticar musculação e se assustam porque ganham peso... Mas, na verdade, começa a ocorrer uma troca de composição corporal, aumentando a porcentagem de tecido muscular e aos poucos diminuindo a porcentagem de tecido adiposo, isso combinando a atividade física com um exercício aeróbico. Num primeiro momento, esta troca acaba mascarando o peso, mas mesmo assim deve combinar um exercício aeróbico com musculação.*
- *A atividade física é importante para todos. Não é só para ficar fisicamente bonito. Para os idosos, por exemplo, ter maior resistência física pode representar atravessar a rua mais rápido, conseguir subir no ônibus, pegar o neto no colo.*

DICAS PARA OS ADOLESCENTES

Na adolescência, as meninas, especialmente, restringem muito a alimentação para manter um peso que elas consideram "ideal", geralmente um corpo magro. Os meninos podem acabar sobrecarregando a ingestão proteica, por exemplo, pois acabam praticando musculação e querem ficar fortes. Pode se instalar a desordem alimentar.

As pessoas se preocupam com uma alimentação saudável, porque querem prevenir algo. Desde sempre, há hábitos difíceis de serem abandonados, especialmente aqueles que estão ligados aos hábitos familiares e culturais.

Prefira sucos e águas para hidratação aos refrigerantes. O que temos de nutrientes em um refrigerante? Açúcar, somente. Não temos as vitaminas e as fibras dos sucos, por exemplo. Coma um pedaço de chocolate não porque você está nervoso, mas sim porque você gosta do doce, coma com moderação.

TEMOS ALIMENTOS "ÓTIMOS" E ALIMENTOS "PÉSSIMOS"?

Os alimentos ótimos para um praticante de atividade física são os necessários para uma alimentação saudável, o que pode distinguir é a quantidade, o tipo de atividade física desempenhada. De uma forma geral, o que devemos evitar no cotidiano são as gorduras, doces e bebidas alcoólicas em excesso, assim como os alimentos embutidos, e dar mais atenção às verduras, legumes, frutas e alimentos integrais.

Cortar hábitos culturais é difícil. Se o hábito incluir a sobremesa, prefira as compotas. São doces interessantes, pois apresentam os nutrientes das frutas e menores quantidades de gorduras.

O que são os alimentos funcionais?

São os alimentos que, além de nutrir o organismo, fornecendo os nutrientes necessários, acabam sendo fonte de outros compostos que estão relacionados a trazerem benefícios para a saúde. As castanhas, por exemplo, apesar de serem muito gordurosas, possuem selênio, que é um rico antioxidante, assim como o chá verde – de preferência da folha – que também apresenta compostos antioxidantes.

Acredito que o efeito seja sempre cumulativo. Um organismo bem tratado, mais "saudável", consegue desempenhar as atividades que nos propomos a fazer de uma forma melhor; você se sente mais disposto para realizar as tarefas do cotidiano. Não temos como deter o envelhecimento, mas podemos envelhecer melhor, mais saudáveis, com menos patologias ou estarmos melhores para enfrentá-las ao longo da vida.

Acredito que uma alimentação saudável fará diferença sim. Talvez os exames não façam diferença agora, enquanto somos jovens. Mas a longo prazo farão.

Para malhar durante a manhã: suco de laranja, pão branco de fácil digestão e uma fatia de queijo branco

O brasileiro é um povo com muitas miscigenações. Temos que pensar nisso, e considerar isso benéfico. A comida árabe, por exemplo, considero-a muito saudável. Por exemplo: em um charutinho, temos a proteína da carne, o carboidrato do arroz, as vitaminas, os minerais e as fibras da verdura e, para acrescentar, podemos regá-lo com azeite de oliva extravirgem como fonte excelente de gordura.

Recomendações para todos

Hidratem-se.
Nunca se privem totalmente dos alimentos de que gostam muito.

Não busquem distração com a TV, prestem atenção no que estão comendo.

Fracionem as refeições, incluam frutas e iogurtes entre o almoço e o jantar.

ALIMENTAÇÃO PARA O ESPORTISTA

OSCAR SCHIMIDT
Esportista.

1. É fundamental, imprescindível, alimentar-se corretamente. Todos que praticam esporte, amador ou atletas, precisam comer o que o organismo gasta, recompor suas bases energéticas. E muito importante é comer o necessário para não se sentir pesado nos treinos, jogos e práticas diárias. Este bem-estar e leveza durante os jogos e práticas de esporte é o sintoma de uma boa e correta alimentação.

2. Atualmente, a preocupação é com o colesterol, com a velhice chegando; antes era com o rendimento de atleta com o dia de jogo à tarde, com o almoço de espaguete com frango, uma busca de uma comida leve, com o carboidrato. Mas para o atleta e aqueles que necessitam, o ideal mesmo é ter um nutricionista. No caso dos atletas, a equipe sempre mantém um e ele ajuda demais.

3. No esporte do dia a dia e, mesmo para todos que buscam uma atividade para ficar em forma e não engordar, a alimentação é fundamental e muito mais atraente. Mesmo porque para o esportista profissional, para quem o esporte pode até fazer mal, em função do alto desgaste, a alimentação tenta repor e ajuda demais, mas o acompanhamento médico e nutricional precisa ser diário, monitorado. Muitas vezes, o atleta passa por situações difíceis, especialmente musculares e, às vezes, sem condições de contornar. A história do esporte está cheia de exemplos de jogadores que foram além do limite e não conseguiram, mesmo jovens, contornar a situação.

"Em atividade física funciona assim: quanto maior a intensidade do exercício, metabolizo **menos gordura** e mais açúcar. Quanto maior a minha capacidade de produção de energia, **melhor meu desempenho**, é isso que vai determinar se um atleta será melhor do que o outro." Dr. Paulo Zogaib

9. Glossário de nutrientes

Para a maioria de nós, uma alimentação variada e balanceada, ou seja, com muitas verduras, frutas, cereais e leguminosas, bem como um pouco de carne, leite e seus derivados desnatados, fornece naturalmente todos os nutrientes necessários à nossa saúde. Assim, esse glossário informa quais os principais nutrientes e em que alimentos encontrá-los.

O corpo humano não fabrica vitaminas. Portanto, devemos obtê-las dos alimentos.

Vitaminas

Vitamina A (retinol)
Necessária para o crescimento, boa visão e uma pele saudável. Encontrada no fígado, carne, peixes de água fria, leite integral e ovos.

Betacaroteno (precursor da vitamina A)
Também necessário para o crescimento, boa visão e por suas propriedades como antioxidante. Encontrado em todos os alimentos de cor laranja, como cenoura, damasco, papaia, abóbora etc.

Vitamina B_1 (tiamina)
Ajuda no crescimento e desenvolvimento, para se ter um sistema nervoso saudável e para se obter energia dos alimentos.

Encontrada nos cereais e grãos integrais, nas leguminosas, nas batatas, nas carnes e nos ovos.

Vitamina B_2 (riboflavina)

Ajuda o corpo a liberar e obter energia dos alimentos, a ter nervos e pele saudáveis. Encontrada nos derivados do leite, aves, carne, ovos, peixe, verduras, cereais e grãos.

Niacina

Faz parte do complexo de vitaminas B. Auxilia o organismo a obter energia dos alimentos para o cérebro funcionar bem e para se ter um sistema nervoso saudável. Também é importante para o trânsito intestinal. Encontrada em carne, leguminosas, pão integral, leite, queijos e ovos.

Ácido fólico

Contribui para a fabricação dos glóbulos vermelhos do sangue e para a criança ter um crescimento saudável. Encontrado nas verduras de folhas verdes, nozes, pão integral, fígados, leguminosas e em algumas frutas.

Vitamina B_6

É indispensável para o metabolismo das proteínas e das gorduras, da produção de energia, para se obter um sistema nervoso central saudável e para o sangue. Evita certos tipos de anemia. Encontrada nas bananas, aves, peixes, couve-de-bruxelas, batatas, leite, aveia, cereais integrais, amendoim e arroz integral.

Vitamina B_{12} (cianocobalamina)

Essencial para o sangue, principalmente para o desenvolvimento dos glóbulos vermelhos. Também é importante para os nervos e intestinos. Encontrada nos peixes, ovos, carnes magras, aves e produtos derivados do leite.

Vitamina C (ácido ascórbico)

Necessária para o crescimento e desenvolvimento, auxilia na cicatrização, ajuda o corpo a absorver o ferro e tem propriedades antioxidantes. Encontrada em brócolis, espinafre, tomate, couve-flor, pimentão, morango e todas as frutas vermelhas, limão, laranjas e demais frutas cítricas, kiwi etc.

Vitamina D

Para a formação e manutenção dos ossos (funciona conjuntamente com o cálcio, que é um mineral). É obtida na pele graças à presença do sol, e também encontrada em peixes de água fria, manteiga, margarina, ovos, leite e seus derivados desnatados.

Vitamina E

Importante antioxidante, pode aumentar a capacidade para o exercício, auxilia o processo de cicatrização e evita a degeneração dos nervos e dos músculos. Encontrada em óleos vegetais, verduras de cor verde, abacate, nozes e sementes.

Minerais

Cálcio

Necessário para se obter dentes e ossos fortes e para o funcionamento de nervos, músculos e coração. Sua absorção depende do fornecimento adequado de vitamina D. Encontrado em leites e seus derivados, verduras de cor verde-escura, figos, damasco seco, pão integral e ovos.

Selênio

Tem propriedades antioxidantes e participa da função de muitas enzimas. Carnes, peixes, frutos do mar, nozes, castanha-do-pará, cereais e pães integrais são alguns alimentos fontes desse mineral.

Ferro

Indispensável para a formação da hemoglobina, que é responsável pelo transporte de oxigênio no sangue e pela resistência às infecções. A falta de ferro provoca anemia. Encontrado em carnes magras vermelhas, fígado, gema de ovo, folhas verdes, leguminosas, frutas secas, pães, cereais integrais, nozes e goiabas.

Sódio

Funciona junto com o potássio para regular o equilíbrio da água no organismo; também regula a atividade dos nervos e dos músculos.

Potássio

Funciona junto com o sódio para regular o equilíbrio da água no organismo, os batimentos cardíacos, o funcionamento dos nervos e dos músculos. Encontrado em frutas, em especial bananas (nanica e prata) e laranjas (com exceção da lima), verduras, legumes, leguminosas, chocolate (com exceção do branco) e nas aves (Tabela 3).

Fósforo

Necessário para a produção de energia e ativação das vitaminas do complexo B. Auxilia na formação de ossos e dentes. É encontrado no leite, na gema de ovo, na carne, nas aves e nos peixes, nos cereais integrais, nos feijões e nos legumes.

Iodo

Necessário para a formação dos hormônios da tireoide que controlam o metabolismo do corpo, crescimento e desenvolvimento.

Encontrado em algas marinhas, peixes, sal iodado, leite e seus derivados.

Zinco

Contribui para o crescimento normal dos órgãos de reprodução, o funcionamento da próstata, os processos de cicatrização e a produção de proteínas e os ácidos nucleicos. Também controla a atividade de mais de cem enzimas. Encontrado em carnes magras vermelhas, frutos do mar, ovos, aves, queijos duros e cereais integrais.

Magnésio

Contribui para a formação dos dentes e dos ossos, contração muscular, transmissão dos impulsos dos nervos e ajuda na atividade de várias enzimas. Encontrado em cereais e pães integrais, leguminosas, bananas, verduras de folhas verdes, leite, pasta de amendoim, nozes, pistache, iogurte e aves.

Tabela 1 – Quantidade de carboidratos de alguns alimentos

Alimentos	Quantidade em medida caseira	Carboidratos (g)	Quilocalorias (kcal)
Alto índice glicêmico			
Pão italiano	1 fatia média	37	179
Pão francês	1 unidade	28	145
Batata	1 unidade média	22	96
Mel de abelha	1 colher de sopa	21	79
Flocos de milho	1 colher de sopa	13	58
Pão integral	1 fatia média	12	67
Uva passa	1 colher de sopa	11	42
Germe de trigo	1 colher de sopa	11	34
Bolacha água e sal	1 unidade	5	32
Bolacha *cream cracker*	1 unidade	5	30
Beterraba	1 fatia média	1	6
Abóbora	1 colher de sopa	1	5
Cenoura	1 colher de sopa	1	5
Baixo índice glicêmico			
Lentilha (cozida)	1 concha média	25	138
Maçã	1 unidade média	23	89
Pera	1 unidade média	21	83
Feijão-roxinho (cozido)	1 concha média	19	120
Laranja	1 unidade média	18	71
Ervilha (cozida)	5 colheres de sopa	16	84
Cereja	12 unidades	14	59
Soja (cozida)	5 colheres de sopa	13	160
Arroz (cozido)	1 colher grande	13	69
Pêssego	1 unidade média	10	37

Continua

Continuação

Alimentos	Quantidade em medida caseira	Carboidratos (g)	Quilocalorias (kcal)
Baixo índice glicêmico			
Macarrão (cozido)	1 pegador	7	33
Cevada	1 colher de sopa	7	31
Leite desnatado	1 copo americano	7	52
Leite integral	1 copo americano	7	92
Nozes	5 unidades	3	152

Tabela 2 – Quantidade de proteína de alguns alimentos

Alimentos	Quantidade em medida caseira	Proteínas (g)	Quilocalorias (kcal)
Proteína animal			
Carne bovina (grelhada)	1 bife médio	26	179
Peito de frango (cozido)	1 filé médio	24	128
Carne de porco (assada)	1 bisteca média	22	350
Peixe (pescada grelhada)	1 filé médio	21	177
Sobrecoxa de frango (cozida)	1 unidade média	14	107
Coxa de frango (cozida)	1 unidade média	13	78
Sardinha fresca	1 unidade	6	42
Ovo de galinha (cozido)	1 unidade média	6	79
Queijo minas fresco	1 fatia média	6	73
Queijo prato	1 fatia média	5	81
Queijo *cottage*	1 colher de sopa	5	28
Ricota	1 fatia média	5	69
Leite integral	1 copo americano	5	92
Leite desnatado	1 copo americano	5	52
Queijo muçarela	1 fatia média	3	42
Requeijão cremoso	1 colher de sopa	1	66

Continua

Continuação

Alimentos	Quantidade em medida caseira	Proteínas (g)	Quilocalorias (kcal)
Proteína vegetal			
Soja (cozida)	5 colheres de sopa	14	160
Lentilha (cozida)	1 concha média	10	138
Grão-de-bico (cozido)	5 colheres de sopa	8	149
Feijão-roxinho (cozido)	1 concha média	7	120
Ervilha (cozida)	5 colheres de sopa	5	84

Tabela 3 – Alimentos ricos em potássio

Alimentos	Quantidade em medida caseira	Potássio (mEq)
Frutas		
Abacate	1 unidade média	23
Melão	1 fatia média	13
Água de coco	1 copo americano	10
Maracujá	1 unidade grande	9
Laranja	1 unidade média	7
Mamão	1 fatia média	7
Kiwi	1 unidade média	7
Uva	1 cacho médio	6
Banana nanica	1 unidade média	6
Tangerina	1 unidade média	6
Banana prata	1 unidade média	6
Vegetais		
Batata (frita)	1 escumadeira	12
Feijão-roxinho (cozido)	1 concha média	10
Lentilha (cozida)	1 concha média	8
Ervilha (cozida)	5 colheres de sopa	7

Continua

Continuação

Alimentos	Quantidade em medida caseira	Potássio (mEq)
Frutas		
Cenoura (crua)	1 unidade média	7
Acelga (crua)	1 pires de chá	7
Escarola (crua)	1 prato de sobremesa	6
Miscelâneas		
Caldo de cana	1 copo americano	16
Amendoim	1 saquinho pequeno	5
Chocolate ao leite	1 barra (50 g)	5

“ Muito importante para **quem pratica esportes** é não entrar em dietas da moda, como as que restringem a gordura, carboidratos e proteínas, porque nenhuma dieta que restringe muito, **faz bem**. A gordura carrega nutrientes, vitaminas e o carboidrato é a primeira fonte de energia do corpo. ”

Jamile Maria Sallum De Lacerda

10. Receitas

"O bom resultado de uma prática esportiva depende também do que você come. Tem muita gente que antes de ir à academia tem hábitos errados ao se alimentar pela manhã, come pão com manteiga acompanhado de leite com chocolate. Este hábito é bom para quem vai para o escritório, não para fazer musculação. O esportista desavisado pode ter um desconforto gástrico, o tempo é curto para a digestão, o leite pode fermentar e a manteiga passada no pão, retarda a digestão." Jamile Maria Sallum De Lacerda

Abobrinha refogada à italiana

Prefira abobrinhas de menor tamanho e que não tenham nem manchas, nem marcas na sua superfície.

Ingredientes
3 abobrinhas pequenas
2 tomates médios cortados em cubos
8 azeitonas pretas picadas
1 colher de sobremesa de azeite
1 ½ colher de chá de alecrim
sal
pimenta-do-reino

Rendimento: 3 porções.
Tempo de preparo: 15 minutos.

Lave as abobrinhas e corte-as em rodelas de 0,5 cm aproximadamente. Coloque o azeite em uma panela não aderente e leve ao fogo médio. Junte as abobrinhas e cozinhe por 5 minutos, mexendo de vez em quando. Acrescente os tomates e cozinhe por mais 3 minutos. Por último, coloque as azeitonas e os temperos. Mexa bem e sirva.

Energia	165 kcal	Potássio	1.124 mg	Ác. pantotênico	0,7 mg
Proteína	5 g	Zinco	0,8 mg	Vitamina B_6	0,4 mg
Lipídio	11 g	Cobre	0,3 mg	Folato	83 mcg
Carboidrato	17 g	Selênio	0 mg	Vitamina B_{12}	0 mcg
Fibras	4 g	Cromo	0 mg	Vitamina A	305 Re
Cálcio	83 mg	Iodo	0 mg	Vitamina D	0 UI
Fósforo	141 mg	Vitamina C	59 mg	Vitamina E	1 mg
Magnésio	86 mg	Tiamina	0,3 mg	Vitamina K	9 mcg
Ferro	3 mg	Riboflavina	0,2 mg	Biotina	0 mcg
Sódio	203 mg	Niacina	2,3 mg	Colesterol	0 mg

Alho-poró à grega

O alho-poró já era cultivado no tempo dos faraós no Egito. Os romanos também o utilizavam na sua culinária e é provável que eles tenham levado essa planta para a Europa. O sabor do alho-poró se parece com o da cebola, porém é mais ameno.

Ingredientes
4 a 6 alhos-porós
2 colheres de sopa de azeite de oliva
2 colheres de sopa de suco de limão
1 dente de alho esmagado
100 ml de água
sal
pimenta-do-reino
6 tomates secos (desidratados) cortados em pedaços pequenos
1 colher de chá de folhas de hortelã picadas

Rendimento: 2 porções.
Tempo de preparo: 25 minutos.

Com uma faca, corte o alho-poró em fatias e lave-o cuidadosamente. Coloque o azeite, o limão, a água, o sal e a pimenta numa panela e leve ao fogo para ferver. Acrescente o alho-poró e cozinhe, em fogo brando, por uns 10 minutos. Em uma tigela, coloque os tomates desidratados, cubra-os com água fervente. Com uma escumadeira, retire o alho-poró e o coloque numa travessa. Se houver muito líquido na panela, ferva-o para reduzi-lo e a seguir espalhe-o sobre o alho-poró. Escorra os tomates secos e espalhe-os sobre o alho-poró. Finalmente, salpique com a hortelã picada.

Energia	381 kcal	Potássio	858 mg	Ác. pantotênico	0,5 mg
Proteína	6 g	Zinco	0,6 mg	Vitamina B_6	0,8 mg
Lipídio	20 g	Cobre	0,5 mg	Folato	157 mcg
Carboidrato	54 g	Selênio	0 mg	Vitamina B_{12}	0 mcg
Fibras	6 g	Cromo	0,1 mg	Vitamina A	55 Re
Cálcio	201 mg	Iodo	0 mg	Vitamina D	0 UI
Fósforo	136 mg	Vitamina C	54 mg	Vitamina E	2 mg
Magnésio	103 mg	Tiamina	0,2 mg	Vitamina K	0 mcg
Ferro	7 mg	Riboflavina	0,2 mg	Biotina	0 mcg
Sódio	111 mg	Niacina	1,9 mg	Colesterol	0 mg

Arroz selvagem

Arroz selvagem não é arroz, mas um grão cultivado principalmente no Canadá. Ele é rico em potássio, fósforo e vitamina B. Possui uma quantidade de fibras similar a da aveia ou do arroz integral. Tem um sabor que lembra o das nozes. Como é muito caro, geralmente, é preparado junto com o arroz integral (meio a meio).

Ingredientes
½ xícara de arroz selvagem
½ xícara de arroz integral
2 ½ xícaras de água ou caldo de legumes
1 cebola pequena picada
1 colher de sobremesa de óleo
sal

Rendimento: 3 porções.
Tempo de preparo: 45 minutos.

Em uma panela de fundo grosso, aqueça o óleo e nele doure a cebola. A seguir, acrescente o arroz selvagem e o integral, mexa bem e refogue-os por uns 3 minutos. Despeje a água ou o caldo, tempere com sal. Assim que começar a ferver, baixe o fogo, tampe a panela e cozinhe por uns 40 minutos.

Energia	961 kcal	Potássio	959 mg	Ác. pantotênico	1,7 mg
Proteína	30 g	Zinco	9 mg	Vitamina B_6	0,7 mg
Lipídio	9 g	Cobre	0,8 mg	Folato	156 mcg
Carboidrato	194 g	Selênio	0 mg	Vitamina B_{12}	0 mcg
Fibras	14 g	Cromo	0 mg	Vitamina A	3 Re
Cálcio	85 mg	Iodo	0 mg	Vitamina D	0 UI
Fósforo	889 mg	Vitamina C	6 mg	Vitamina E	6 mg
Magnésio	273 mg	Tiamina	0,5 mg	Vitamina K	25 mcg
Ferro	5 mg	Riboflavina	0,5 mg	Biotina	0 mcg
Sódio	858 mg	Niacina	14 mg	Colesterol	0 mg

Arroz selvagem com cogumelos e pimentão

Para essa receita utilize cogumelos frescos *shimeji*. Não lave os cogumelos, mas esfregue-os com uma escova ou passe um pano úmido para tirar a sujeira. Quanto ao pimentão, geralmente utilizo o americano, que é mais digesto (de forma alongada e sabor suave), ou então o amarelo.

Ingredientes
1 xícara de arroz selvagem cozido (veja receita anterior)
1 colher de chá de azeite
1 cebola pequena fatiada
1 dente de alho médio amassado
1 xícara de cogumelos cortados em pedaços
½ pimentão verde americano picado
sal
1 colher de sopa de salsinha picada

Rendimento: 2 porções.
Tempo de preparo: 20 minutos.

Coloque o azeite em uma frigideira antiaderente e leve ao fogo. Refogue a cebola e o alho. Acrescente o pimentão, o cogumelo e o sal. Refogue por mais uns 5 minutos. Junte o arroz e continue a cozinhar, mexendo sempre até o arroz aquecer. Na hora de servir, salpique com a salsinha picada.

Energia	635 kcal	Potássio	1.367 mg	Ác. pantotênico	4,9 mg
Proteína	27 g	Zinco	10 mg	Vitamina B_6	0,9 mg
Lipídio	5 g	Cobre	1,6 mg	Folato	190 mcg
Carboidrato	128 g	Selênio	18 mg	Vitamina B_{12}	0 mcg
Fibras	15 g	Cromo	0 mg	Vitamina A	3 Re
Cálcio	65 mg	Iodo	0 mg	Vitamina D	0 UI
Fósforo	813 mg	Vitamina C	60 mg	Vitamina E	2 mg
Magnésio	291 mg	Tiamina	0,3 mg	Vitamina K	0 mcg
Ferro	6 mg	Riboflavina	0,9 mg	Biotina	0 mcg
Sódio	16 mg	Niacina	17 mg	Colesterol	0 mg

Arroz com especiarias

Na maioria das vezes há sobras de arroz. Além das sobras de arroz, provavelmente haverá outras sobras na sua geladeira. Então, que tal aproveitá-las e preparar um outro prato? Essa receita é básica e você poderá incrementá-la conforme o seu gosto.

Ingredientes
1 dente de alho grande
1 pedaço de gengibre fresco de uns 5 cm ralado
1 colher de sopa de azeite
1 colher de café de canela
1 pimenta vermelha sem sementes
1 cebolinha picada
2 xícaras de sobras de arroz
1 xícara de alguma verdura já cozida e pronta
1 colher de sopa de queijo parmesão ralado na hora

Rendimento: 4 porções.
Tempo de preparo: 30 minutos.

Refogue o alho e o gengibre ralado no azeite. Acrescente a canela, a pimenta e o arroz. Cozinhe por uns 5 minutos ou até o arroz ficar quente. A seguir, misture com uma das sugestões.

E na hora de servir coloque a cebolinha picada.

Dica: você também pode usar 1 xícara de sobras de frango desfiado.

Energia	502 kcal	Potássio	322 mg	Ác. pantotênico	0,6 mg
Proteína	11 g	Zinco	0,3 mg	Vitamina B_6	0,2 mg
Lipídio	18 g	Cobre	0,2 mg	Folato	21 mcg
Carboidrato	74 g	Selênio	0 mg	Vitamina B_{12}	0 mcg
Fibras	3 g	Cromo	0 mg	Vitamina A	641 Re
Cálcio	201 mg	Iodo	0 mg	Vitamina D	0 UI
Fósforo	176 mg	Vitamina C	39 mg	Vitamina E	8 mg
Magnésio	43 mg	Tiamina	0,5 mg	Vitamina K	33 mcg
Ferro	4 mg	Riboflavina	0,1 mg	Biotina	2,4 mcg
Sódio	167 mg	Niacina	3,4 mg	Colesterol	6 mg

Assado húngaro

Costumo preparar esse prato com filé de linguado, mas qualquer tipo de peixe em filé serve (pescada, badejo).

Ingredientes
300 g de filé de linguado
1 pitada de sal
pimenta-do-reino branca
150 ml de iogurte natural desnatado
1 colher de café de páprica doce
1 colher de café de cominho em sementes
1 cebola média picada
1 colher de chá de óleo de milho para untar

Rendimento: 2 porções.
Tempo de preparo: 25 minutos.

Acenda o forno. Coloque os filés em uma forma refratária untada com o óleo. Misture todos os outros ingredientes e espalhe sobre os filés. Cubra com papel de alumínio e leve ao forno para assar por uns 15 a 20 minutos.

Energia	509 kcal	Potássio	1.433 mg	Ác. pantotênico	1 mg
Proteína	55 g	Zinco	1,5 mg	Vitamina B_6	0,2 mg
Lipídio	22 g	Cobre	0 mg	Folato	34 mcg
Carboidrato	17 g	Selênio	0 mg	Vitamina B_{12}	0,8 mcg
Fibras	2 g	Cromo	0 mg	Vitamina A	24 Re
Cálcio	364 mg	Iodo	0 mg	Vitamina D	0 UI
Fósforo	969 mg	Vitamina C	8 mg	Vitamina E	2 mg
Magnésio	35 mg	Tiamina	0,4 mg	Vitamina K	1 mcg
Ferro	2 mg	Riboflavina	0,5 mg	Biotina	0 mcg
Sódio	332 mg	Niacina	8 mg	Colesterol	174 mg

> Os peixes levam vantagem porque são ricos em ômega 3, um óleo que ajuda a baixar o colesterol. **Dr. Paulo Zogaib**

Atum ao forno com tomates e arroz

Preparo esse prato com sobras de arroz. Caso você queira esse prato como entrada, basta diminuir pela metade os ingredientes da receita.

Ingredientes

tomates médios
1 lata de atum na água
1 colher de sobremesa de azeite
1 ½ xícara de sobras de arroz
1 cebola média cortada em rodelas finas.
sal
pimenta-do-reino moída na hora
1 colher de café de tomilho
1 colher de café de alecrim
1 colher de sopa de farinha de rosca

Rendimento: 2 porções.
Tempo de preparo: 30 minutos.

Lave os tomates, corte o alto deles, retire as polpas, salpique com sal o interior dos tomates e ponha-os para escorrer sobre uma tábua de cozinha. Enquanto isso, acenda o forno. Coloque o azeite numa panela antiaderente e refogue a cebola nele. Junte o arroz e o atum desfiado. Tempere, abaixe o fogo e cozinhe só para aquecer. Depois de retirar do fogo coloque essa mistura nos tomates. Por cima, polvilhe bem com a farinha de rosca e leve ao forno até que os tomates estejam assados.

Energia	575 kcal	Potássio	1.313 mg	Ác. pantotênico	1,3 mg
Proteína	44 g	Zinco	0,5 mg	Vitamina B_6	0,3 mg
Lipídio	14 g	Cobre	0,6 mg	Folato	61 mcg
Carboidrato	70 g	Selênio	0 mg	Vitamina B_{12}	0 mcg
Fibras	7 g	Cromo	0,1 mg	Vitamina A	407 Re
Cálcio	75 mg	Iodo	0 mg	Vitamina D	0 UI
Fósforo	171 mg	Vitamina C	71 mg	Vitamina E	7 mg
Magnésio	61 mg	Tiamina	0,6 mg	Vitamina K	36 mcg
Ferro	5 mg	Riboflavina	0,3 mg	Biotina	1,4 mcg
Sódio	637 mg	Niacina	12 mg	Colesterol	55 mg

BACALHAU NA PANELA

O bacalhau é um peixe saboroso, mas o seu alto preço proibitivo impede que seja consumido com frequência. Ao comprar bacalhau, observe a embalagem. A presença de umidade é sinal de alteração. Caso o peixe tenha pontos avermelhados, não compre, pois esses pontos indicam bactérias que se alimentam do sal. Para dessalgar o bacalhau basta deixá-lo de molho por, aproximadamente, 24 horas, trocando a água umas seis vezes. Para cozinhar basta colocar o bacalhau em uma panela com água fria, levar ao fogo e escaldar (evite ferver). Deixe esfriar e a seguir, retire a pele e as espinhas.

Ingredientes

1 posta de bacalhau de aproximadamente 300 g
1 cebola pequena
1 dente de alho
1 alho-poró
½ pimentão verde
2 tomates maduros
1 cálice de vinho branco
1 colher de sopa de salsinha
1 colher de sobremesa de manjericão
3 colheres de sopa de azeite
½ pimenta dedo-de-moça

Rendimento: 3 porções.
Tempo de preparo: 40 minutos.

Escalde o bacalhau e deixe-o esfriar. Aqueça o azeite numa outra panela e refogue nele a cebola e o dente de alho esmagado. A seguir, acrescente o pimentão cortado em tiras, os tomates cortados em cubinhos, o alho-poró, o vinho e a pimenta. Deixe ferver por uns 10 minutos. Junte o bacalhau já limpo e cozinhe em fogo brando por uns 10 minutos. Por último, acrescente a salsa e o manjericão e cozinhe com a panela destapada por 2 minutos.

Dica: esse bacalhau pode ser servido com batatas cozidas no vapor ou com arroz.

Energia	732 kcal	Potássio	1.504 mg	Ác. pantotênico	0,7 mg
Proteína	73 g	Zinco	2,4 mg	Vitamina B_6	1,3 mg
Lipídio	27 g	Cobre	0,4 mg	Folato	67 mcg
Carboidrato	29 g	Selênio	0 mg	Vitamina B_{12}	3 mcg
Fibras	6 g	Cromo	0,1 mg	Vitamina A	252 Re
Cálcio	125 mg	Iodo	0 mg	Vitamina D	0 UI
Fósforo	525 mg	Vitamina C	94 mg	Vitamina E	4 mg
Magnésio	180 mg	Tiamina	0,5 mg	Vitamina K	8 mcg
Ferro	5 mg	Riboflavina	0,4 mg	Biotina	0,7 mcg
Sódio	272 mg	Niacina	9 mg	Colesterol	165 mg

* Foto real da receita ao lado

Batatas assadas

A batata é originária da América do Sul e foram os espanhóis que a levaram para a Europa. As batatas são uma ótima fonte de carboidratos. Ao escolher batatas, prefira as firmes, de forma regular, com casca lisa e sem marcas. Para esse prato, opte por batatas secas.

Ingredientes
4 batatas grandes

Rendimento: 2 porções.
Tempo de preparo: 40 minutos.

Aqueça o forno. Lave bem as batatas na água corrente. Espete-as várias vezes com um garfo. Para que a casca fique crocante, coloque as batatas no forno, sem embrulhá-las. Mas se preferir com a casca macia, embrulhe-as uma a uma em papel alumínio e leve-as ao forno para assar por uns 40 minutos ou até ficarem macias. Você pode comê-las com um pouco de manteiga e sal ou, se quiser, com alguns dos recheios de sanduíches (veja as receitas).

Curiosidade: até meados do século XIX, as batatas novas eram consideradas impróprias para o consumo. Foi por volta de 1850 que agricultores franceses ousaram impor ao mercado batatas novas.

Energia	881 kcal	Potássio	3.377 mg	Ác. pantotênico	4,5 mg
Proteína	19 g	Zinco	2,6 mg	Vitamina B_6	3 mg
Lipídio	0,8 g	Cobre	2,4 mg	Folato	89 mcg
Carboidrato	204 g	Selênio	0 mg	Vitamina B_{12}	0 mcg
Fibras	5 g	Cromo	0 mg	Vitamina A	0 Re
Cálcio	81 mg	Iodo	0 mg	Vitamina D	0 UI
Fósforo	461 mg	Vitamina C	104 mg	Vitamina E	0 mg
Magnésio	218 mg	Tiamina	0,9 mg	Vitamina K	0 mcg
Ferro	11 mg	Riboflavina	0,2 mg	Biotina	0 mcg
Sódio	65 mg	Niacina	13 mg	Colesterol	0 mg

Bife de panela

Quanto mais macia a carne, mais fácil de cozinhar e maior também o seu teor de gordura. Para preparar esse prato, uma boa opção de carne é a alcatra.

Ingredientes
1 colher de sobremesa de óleo
2 bifes de alcatra de aproximadamente 100 g cada
sal
pimenta-do-reino
1 dente de alho picado
2 folhas de louro
1 cebola média picada
1 tomate sem sementes
1 cenoura grande cortada em rodelas
1 copo de vinho tinto seco
1 talo de aipo picado

Rendimento: 2 porções.
Tempo de preparo: 1 hora.

Em uma panela aqueça o óleo. A seguir, refogue nele a cebola. Junte o alho e frite por 2 minutos. Acrescente o tomate, o aipo, a cenoura e os temperos. Por último, coloque o vinho tinto e a carne. Cozinhe em fogo brando por uns 30 a 40 minutos.

Dica: o vinho pode ser substituído por caldo de carne.

Energia	747 kcal	Potássio	1.635 mg	Ác. pantotênico	1,4 mg
Proteína	55 g	Zinco	9 mg	Vitamina B_6	1,3 mg
Lipídio	39 g	Cobre	0,4 mg	Folato	63 mcg
Carboidrato	26 g	Selênio	0 mg	Vitamina B_{12}	5 mcg
Fibras	7 g	Cromo	0 mg	Vitamina A	3201 Re
Cálcio	97 mg	Iodo	0 mg	Vitamina D	0 UI
Fósforo	544 mg	Vitamina C	36 mg	Vitamina E	7 mg
Magnésio	101 mg	Tiamina	0,4 mg	Vitamina K	29 mcg
Ferro	7 mg	Riboflavina	0,6 mg	Biotina	0,6 mcg
Sódio	209 mg	Niacina	9 mg	Colesterol	168 mg

Bolo de macarrão

Há alguns anos, a Mari e a Filó vieram jantar em casa e ficaram chocadas ao saber que esse prato é preparado com macarrão instantâneo. Se você quiser, pode usar macarrão comum, mas já aviso que fica melhor com o instantâneo.

Ingredientes
250 g de macarrão instantâneo
1 l de leite desnatado
100 g de lombinho defumado
2 ovos
100 g de queijo parmesão ralado
1 pitada de noz-moscada
sal e pimenta

Rendimento: 4 porções.
Tempo de preparo: 30 minutos.

Ponha o leite com o sal e a pimenta para ferver. Assim que ferver ponha o macarrão instantâneo para cozinhar pelo tempo indicado na embalagem. Acenda o fogo. Corte o lombinho em tirinhas. Bata os ovos ligeiramente. Acrescente o queijo parmesão e a noz-moscada. Apague o fogo e junte com o macarrão não escorrido. Unte um pirex e despeje nele o macarrão. Leve ao forno para assar por 10 a 15 minutos.

Dica: não escorra o macarrão mesmo que esteja "nadando" no leite. Este prato pode ser servido quente ou frio. E o lombinho pode ser substituído por qualquer outra carne defumada.

Energia	1796 kcal	Potássio	2.506 mg	Ác. pantotênico	6 mg
Proteína	125 g	Zinco	8 mg	Vitamina B_6	0,9 mg
Lipídio	67 g	Cobre	0,1 mg	Folato	122 mcg
Carboidrato	168 g	Selênio	7 mg	Vitamina B_{12}	6 mcg
Fibras	8 g	Cromo	0,2 mg	Vitamina A	768 Re
Cálcio	2591 mg	Iodo	0 mg	Vitamina D	0 UI
Fósforo	2395 mg	Vitamina C	10 mg	Vitamina E	2 mg
Magnésio	145 mg	Tiamina	1,9 mg	Vitamina K	0 mcg
Ferro	9 mg	Riboflavina	2,8 mg	Biotina	0 mcg
Sódio	2417 mg	Niacina	12 mg	Colesterol	728 mg

Caçarola de frango com abacaxi

O abacaxi usado na receita é fresco, mas é possível preparar o prato com abacaxi em conserva. Ao comprar o abacaxi, prefira os mais pesados, sem manchas e de folhas verde escuras.

Ingredientes
1 colher de sobremesa de óleo
1 cebola média cortada em rodelas
180 g de filé de frango cortados em pedaços médios
2 fatias médias de abacaxi fresco cortado em pedaços
2 colheres de sopa de molho inglês
1 colher de sopa de *shoyu*
2 colheres de sopa de suco de limão
pimenta-do-reino

Rendimento: 2 porções.
Tempo de preparo: 35 minutos.

Coloque o óleo numa panela antiaderente e leve ao fogo para aquecer. Doure a cebola e os pedaços de frango. Acrescente os demais ingredientes, tampe a panela e cozinhe em fogo brando por uns 20 minutos ou até o frango cozinhar.

Curiosidade: o abacaxi é rico em bromelina, uma enzima que decompõe as proteínas. Durante muitos anos, as pessoas acreditavam que graças à bromelina emagreceriam. Entretanto, essa fama do abacaxi como uma fruta emagrecedora não tem fundamento. A acidez natural dessa fruta estimula as secreções digestivas, facilitando assim a digestão.

Energia	456 kcal	Potássio	724 mg	Ác. pantotênico	1,5 mg
Proteína	55 g	Zinco	2 mg	Vitamina B_6	0,9 mg
Lipídio	12 g	Cobre	0,3 mg	Folato	47 mcg
Carboidrato	34 g	Selênio	0 mg	Vitamina B_{12}	0,4 mcg
Fibras	5 g	Cromo	0 mg	Vitamina A	15 Re
Cálcio	60 mg	Iodo	0 mg	Vitamina D	0 UI
Fósforo	337 mg	Vitamina C	49 mg	Vitamina E	6 mg
Magnésio	81 mg	Tiamina	0,3 mg	Vitamina K	25 mcg
Ferro	3 mg	Riboflavina	0,3 mg	Biotina	0 mcg
Sódio	1053 mg	Niacina	16 mg	Colesterol	139 mg

Caldos

É sempre possível usar caldos em cubinhos, mas os caldos para sopa industrializados contêm muita gordura, sal e outros aditivos. Para ter um caldo de boa qualidade é aconselhável prepará-lo em casa. Ao preparar o caldo, assim que ele começar a ferver, diminua o fogo e cozinhe em fogo brando. Não coloque sal nem muitos temperos. Costumo preparar o caldo, colocá-lo em formas de gelo, e, quando congelam, retiro os cubinhos e coloco num saco plástico no congelador. Dois cubos correspondem a ¼ de xícara.

Os cálculos dos valores nutricionais dos caldos não foram apresentados em virtude de seu modo de preparo, que considera somente o caldo fervido e coado, e não os ingredientes adicionados à preparação.

" O importante é a educação alimentar dentro de casa, comer sempre bem, umas seis refeições fracionadas por dia, um hábito que vai ajudar por toda a vida. Menos gordura e refrigerante, melhor é tomar água e sucos, comer castanhas do Pará, amêndoas, chá verde de folha, que são antioxidantes. Péssimos para o esporte é a má alimentação, doce e cerveja em excesso, comer em frente da tv e deixar de tomar água. " Jamile Maria Sallum De Lacerda

Caldo de frango

Ingredientes
400 a 500 g de frango sem pele e com ossos
2 cenouras descascadas e cortadas em pedaços
2 talos de salsão cortados e sem as folhas
1 cebola descascada e cortada
½ maço de salsa
2 dentes de alho cortados ao meio
1 folha de louro
8 grãos de pimenta-do-reino
¼ de xícara de vinagre
água fria

Rendimento: aproximadamente 1 ℓ.
Tempo de preparo: 3 horas.

Coloque todos os ingredientes em uma panela grande. Cubra com água e tampe a panela. Quando começar a ferver, diminua o fogo e cozinhe em fogo brando por umas 2 horas. Apague o fogo e deixe esfriar.

Retire o frango e os vegetais. Coe e coloque em uma vasilha. Guarde na geladeira por algumas horas até que a gordura congele na superfície. Retire e descarte a gordura. Coloque em formas de cubinhos de gelo ou em uma outra vasilha de sua preferência, guarde no congelador.

Dica: não use panela de alumínio para preparar esse caldo, porque o vinagre oxida o alumínio.

Caldo de verdura

É essencial na cozinha. Pode ser preparado com qualquer verdura, contanto que você não use ingredientes que deixam o caldo amargo, como casca de cenoura e folhas de salsão.

Ingredientes
300 g de repolho picado
500 g de cebola cortada em quartos
300 g de cenoura sem casca e cortados
500 g de talos de salsão em pedaços
1 maço de salsa picado
2 folhas de louro
2 colheres de chá de manjerona seca
1 dente de alho
2 ℓ de água

Rendimento: aproximadamente 2 ℓ.
Tempo de preparo: 1 hora.

Coloque todos os ingredientes em uma panela grande, tampe a panela e leve ao fogo. Quando começar a ferver, baixe o fogo e cozinhe em fogo brando por 1 hora. Retire do fogo, deixe esfriar, coe e coloque em formas de gelo para fazer cubinhos no congelador.

Caldo de peixe

Esse é o caldo mais fácil de ser preparado e também o mais rápido.

Ingredientes
1 ℓ de água
2 cabeças de peixe (mais espinhas, ossos, barbatanas e pele)
1 folha de louro
1 cebola cortada em quartos
1 talo de salsão

Rendimento: aproximadamente 1 ℓ.
Tempo de preparo: 30 minutos.

Misture todos os ingredientes e leve ao fogo. Quando começar a ferver, diminua a intensidade do fogo e cozinhe em fogo brando por, no máximo, 15 a 20 minutos. Retire a espuma que se forma na superfície. Apague o fogo, deixe esfriar e coe.

Observação: os cálculos dos valores nutricionais dos caldos não foram apresentados, por causa do seu modo de preparo, que considera somente o caldo fervido e coado e não os ingredientes adicionados à preparação.

> "O carboidrato complexo demora mais para ser absorvido, ele vai sendo metabolizado mais lentamente, e **não se converte rapidamente em gordura**." Dr. Paulo Zogaib

* Foto real da receita ao lado

Cenouras, abobrinha e laranja

Foi a Célia que me apresentou a abobrinha ralada crua e quem, aliás, me ensinou essa receita. É uma ótima salada para os dias quentes. As cenouras se conservam na geladeira por uns 10 dias.

Ingredientes
3 cenouras médias
1 abobrinha pequena
1 laranja-pera
1 colher de chá de uvas-passas brancas
1 colher de sobremesa de *chutney* de manga
150 ml de iogurte desnatado
sal
1 colher de sobremesa de azeite
suco de ½ limão

Rendimento: 4 porções.
Tempo de preparo: 15 minutos.

Lave, descasque e rale as cenouras colocando-as, a seguir, em uma tigela. Lave, seque e rale a abobrinha. Descasque a laranja, retire a parte branca e corte-a em pequenos pedaços. Misture as cenouras com a laranja e a abobrinha. Em seguida, prepare o molho misturando o *chutney* com o iogurte, o azeite, o sal e o limão e adicione aos outros ingredientes que estão na tigela.

Dica: a laranja pode ser substituída por uma maçã ou por uma pera, mas neste caso coloque essas frutas por último e esprema um limão sobre elas para evitar que escureçam.

Curiosidade: a cenoura é originária da Ásia Central. No início era de cor marrom, mas no século XIX, graças a intervenção de agrônomos franceses, adquiriu essa cor alaranjada.
E a abobrinha é uma abóbora que os italianos, ainda no século XVIII, decidiram comer antes que amadurecesse. É por isso que ela é tão tenra e pequena.

Energia	335 kcal	Potássio	1.545 mg	Ác. pantotênico	1,8 mg
Proteína	13 g	Zinco	2 mg	Vitamina B_6	0,6 mg
Lipídio	8 g	Cobre	0,2 mg	Folato	113 mcg
Carboidrato	59 g	Selênio	0 mg	Vitamina B_{12}	0,8 mcg
Fibras	9 g	Cromo	0 mg	Vitamina A	5164 Re
Cálcio	409 mg	Iodo	0 mg	Vitamina D	0 UI
Fósforo	358 mg	Vitamina C	124 mg	Vitamina E	2 mg
Magnésio	95 mg	Tiamina	0,5 mg	Vitamina K	0 mcg
Ferro	2 mg	Riboflavina	0,5 mg	Biotina	0 mcg
Sódio	173 mg	Niacina	2,8 mg	Colesterol	9 mg

Cenouras à russa

Esta é uma receita para todos os amigos e conhecidos aficcionados por vodca. O álcool da *vodka* não se evapora nessa receita, pois não é aquecido. Assim, não é uma receita indicada para diabéticos.

Ingredientes
300 g de cenoura
1 cebola pequena
1 colher de sobremesa de salsinha picada
1 colher de chá de alcaparras
3 colheres de sopa de azeite
2 colheres de sobremesa de vodca
2 colheres de sopa de suco de laranja
1 colher de sopa de suco de limão
sal e pimenta
algumas gotas de tabasco

Rendimento: 4 porções.
Tempo de preparo: 15 minutos.

Descasque e rale fininho as cenouras e a cebola. Pique a salsinha. Em uma tigela pequena, coloque o suco de limão, o de laranja, o sal, a pimenta, o tabasco e as alcaparras picadas. Misture bem, acrescente a vodca e o azeite. Por último, junte a salsinha picada. Tempere a cenoura e sirva.

Dica: a maneira mais fácil de picar salsinha é cortando-a com uma tesoura.

Curiosidade: a cenoura é muito rica em vitamina A, por isso é considerada um bom alimento para a vista, principalmente para a visão noturna.

Energia	441 kcal	Potássio	1.157 mg	Ác. pantotênico	0,8 mg
Proteína	4 g	Zinco	0,8 mg	Vitamina B_6	0,6 mg
Lipídio	25 g	Cobre	0,2 mg	Folato	67 mcg
Carboidrato	40 g	Selênio	2 mg	Vitamina B_{12}	0 mcg
Fibras	11 g	Cromo	0 mg	Vitamina A	8445 Re
Cálcio	124 mg	Iodo	0 mg	Vitamina D	0 UI
Fósforo	159 mg	Vitamina C	56 mg	Vitamina E	5 mg
Magnésio	56 mg	Tiamina	0,4 mg	Vitamina K	0 mcg
Ferro	2 mg	Riboflavina	0,2 mg	Biotina	0 mcg
Sódio	107 mg	Niacina	3 mg	Colesterol	0 mg

Ceviche

É um prato típico da culinária mexicana. Para prepará-lo, é preciso comprar um filé de peixe bem fresco, pois o peixe "cozinha no limão" durante 8 horas. O mais indicado é o linguado.

Ingredientes
1 filé de linguado médio
1 tomate médio cortado em pedaços
caldo de 3 limões
2 cebolinhas picadas
1 dente de alho cortado em fatias finas
2 cm de pimenta-vermelha cortada em fatias finas
1 colher de sobremesa de salsa picada

Rendimento: 1 porção.
Tempo de preparo: 10 minutos mais 8 horas, no mínimo, na geladeira.

Em uma forma refratária misture todos os ingredientes e coloque nela o filé de linguado. Cubra com um plástico e leve à geladeira. Conforme o peixe cozinha no limão, ele perderá sua qualidade translúcida e ficará branco.

Dica: se você estiver por perto, vire o peixe de vez em quando. Se você não estiver por perto, certifique-se de que o peixe fique totalmente coberto pelo suco de limão.

Energia	196 kcal	Potássio	779 mg	Ác. pantotênico	0,6 mg
Proteína	20 g	Zinco	0,3 mg	Vitamina B_6	0,2 mg
Lipídio	6 g	Cobre	0,2 mg	Folato	28 mcg
Carboidrato	22 g	Selênio	0 mg	Vitamina B_{12}	0 mcg
Fibras	2 g	Cromo	0 mg	Vitamina A	145 Re
Cálcio	86 mg	Iodo	0 mg	Vitamina D	0 UI
Fósforo	300 mg	Vitamina C	117 mg	Vitamina E	0,4 mg
Magnésio	28 mg	Tiamina	0,2 mg	Vitamina K	4 mcg
Ferro	2 mg	Riboflavina	0,2 mg	Biotina	0 mcg
Sódio	87 mg	Niacina	3 mg	Colesterol	55 mg

Creme de abóbora com gengibre

A abóbora é rica em betacaroteno. Pesquisas sugerem que o betacaroteno diminui os riscos de doenças coronarianas e também tem efeito preventivo para certos tipos de tumores malignos. Há vários tipos de abóbora no mercado; qualquer tipo serve para preparar essa sopa, que pode ser tomada quente ou fria.

Ingredientes
1 colher de sobremesa de óleo
1 cebola média fatiada
1 colher de chá de gengibre fresco ralado
1 ½ copo de caldo de frango
1 batata descascada e cortada em rodelas
400 g de abóbora descascada e cortada em cubos
½ copo de leite desnatado
sal
½ colher de chá de canela em pó

Rendimento: 4 porções.
Tempo de preparo: 40 minutos.

Aqueça o óleo numa panela. Acrescente a cebola e o gengibre, e cozinhe em fogo médio por uns 5 minutos. Junte a batata, a abóbora e o caldo. Assim que começar a ferver, abaixe o fogo e cozinhe por mais 15 minutos. Retire do fogo e bata no liquidificador com o leite, o sal e a canela.

Dica: você pode substituir a abóbora por cenouras ou ainda misturar abóbora com a cenoura.

Energia	277 kcal	Potássio	1.552 mg	Ác. pantotênico	2 mg
Proteína	8 g	Zinco	2 mg	Vitamina B_6	0,6 mg
Lipídio	6 g	Cobre	0,6 mg	Folato	65 mcg
Carboidrato	52 g	Selênio	0 mg	Vitamina B_{12}	0,3 mcg
Fibras	9 g	Cromo	0 mg	Vitamina A	478 Re
Cálcio	183 mg	Iodo	0 mg	Vitamina D	0 UI
Fósforo	266 mg	Vitamina C	35 mg	Vitamina E	5 mg
Magnésio	76 mg	Tiamina	0,3 mg	Vitamina K	25 mcg
Ferro	3 mg	Riboflavina	0,5 mg	Biotina	0 mcg
Sódio	50 mg	Niacina	3 mg	Colesterol	1 mg

Cogumelos e alho-poró gratinados

Um forninho elétrico é uma grande pedida para preparar muitos pratos. Caso você não tenha um desses fornos, utilize o forno comum. Os *funghi* (cogumelos secos) chilenos são bem mais em conta do que os italianos e são saborosos. Passe-os sob água fria para retirar a sujeira antes de deixá-los de molho.

Ingredientes
8 cogumelos secos (*funghi*)
10 a 12 cogumelos *shimeji*
1 alho-poró
1 colher de sobremesa de azeite
1 cebola pequena
1 dente de alho
sal e pimenta
2 fatias grandes de pão integral
1 colher de chá rasa de maisena
1 cálice de vinho branco seco
1 colher de sobremesa de salsinha picada
1 colher de sobremesa de queijo parmesão ralado na hora

Rendimento: 2 porções.
Tempo de preparo: 20 minutos.

Limpe e corte os cogumelos secos e coloque-os de molho em um pouco de água fervente. Limpe os cogumelos frescos passando um pano úmido neles e corte-os em pedaços pequenos. Lave e corte o alho-poró em rodelas finas. Aqueça o azeite numa panela antiaderente. Acrescente a cebola fatiada e refogue por uns dois minutos. Junte o alho amassado e frite por mais 2 minutos. A seguir, ponha o alho-poró, mexa bem, tampe a panela e refogue por uns 5 minutos. Junte ½ cálice de vinho branco e os cogumelos. Tempere com sal e pimenta e refogue por mais uns 3 a 4 minutos.

Numa tigela ponha a maisena, dissolva com o resto do vinho e verta nos cogumelos. Mexa até engrossar. Apague o fogo e salpique com a salsinha. Ponha essa mistura sobre as fatias de pão, espalhe o queijo por cima e leve ao forno para aquecer.

Curiosidade: o alho-poró é conhecido desde a Antiguidade. Dizem que o faraó Kheops recompensava seus melhores guerreiros com esse legume.

Energia	494 kcal	Potássio	2.349 mg	Ác. pantotênico	11 mg
Proteína	19 g	Zinco	5 mg	Vitamina B_6	0,9 mg
Lipídio	12 g	Cobre	3 mg	Folato	174 mcg
Carboidrato	69 g	Selênio	0 mg	Vitamina B_{12}	0,1 mcg
Fibras	15 g	Cromo	0,1 mg	Vitamina A	27 Re
Cálcio	202 mg	Iodo	0 mg	Vitamina D	0 UI
Fósforo	734 mg	Vitamina C	30 mg	Vitamina E	1,3 mg
Magnésio	132 mg	Tiamina	0,7 mg	Vitamina K	0 mcg
Ferro	11 mg	Riboflavina	2 mg	Biotina	1,6 mcg
Sódio	300 mg	Niacina	22 mg	Colesterol	3 mg

* Foto real da receita ao lado

Cuscuz marroquino

Esse cuscuz é fácil e rápido de preparar e substitui facilmente o arroz. É feito com grãos de sêmola. Para prepará-lo, procure por "couscous" de grão médio (*moyen*) nas gôndolas de produtos importados dos supermercados.

Ingredientes
1 copo de cuscuz
1 copo de água
sal
1 colher de sopa de azeite
1 colher de sopa de passas brancas sem sementes

Rendimento: 2 porções.
Tempo de preparo: 10 minutos.

Ponha o cuscuz numa tigela. Coloque a água com o sal para ferver. Assim que ferver, verta sobre o cuscuz. Tampe e deixe por 5 minutos. A seguir, coloque o azeite e as passas. Com a ajuda de um garfo solte os grãos.

Energia	764 kcal	Potássio	105 mg	Ác. pantotênico	0 mg
Proteína	20 g	Zinco	0 mg	Vitamina B_6	0 mg
Lipídio	8 g	Cobre	0 mg	Folato	0,5 mcg
Carboidrato	151 g	Selênio	0 mg	Vitamina B_{12}	0 mcg
Fibras	0,2 g	Cromo	0 mg	Vitamina A	0,1 Re
Cálcio	7 mg	Iodo	0 mg	Vitamina D	0 UI
Fósforo	14 mg	Vitamina C	0,5 mg	Vitamina E	1 mg
Magnésio	5 mg	Tiamina	0 mg	Vitamina K	0 mcg
Ferro	0,3 mg	Riboflavina	0 mg	Biotina	0 mcg
Sódio	2 mg	Niacina	0,1 mg	Colesterol	0 mg

Chuchu recheado com carne e especiarias

A neutralidade do sabor do chuchu combina muito bem com a carne com especiarias. Ao escolher a carne para moer, opte pelas mais magras, ou seja, patinho, coxão mole e outros. Não compre a carne moída exposta no açougue. Escolha um pedaço e peça para moer.

Ingredientes
2 chuchus médios
200 g de carne moída (patinho)
2 colheres de sobremesa de óleo
1 colher de sobremesa de hortelã fresca
1 colher de sobremesa de salsa fresca picada
1 cm de pimenta-malagueta
½ colher de chá de canela
1 colher de chá de páprica doce
1 colher de café de cominho em pó
sal
1 cebola pequena picada
farinha de rosca

Rendimento: 2 porções.
Tempo de preparo: 40 minutos.

Descasque o chuchu, corte-o ao meio, retire o centro até formar uma "barquinha". Ponha o chuchu para cozinhar no vapor por 8 minutos. Retire-o do vapor e passe-o sob a água corrente fria. Enquanto o chuchu cozinha, coloque o óleo para aquecer numa panela antiaderente. Quando estiver quente, refogue a cebola e a carne por uns 8 a 10 minutos. Acrescente a salsa e a hortelã e cozinhe por mais 2 minutos. A seguir, junte o restante dos ingredientes, menos a farinha de rosca, e cozinhe por mais 2 a 3 minutos. Recheie o chuchu com essa mistura. Acenda o forno. Unte um prato refratário. Coloque neles as metades de chuchu. Salpique o recheio do chuchu com a farinha de rosca e leve ao forno para assar por uns 10 a 15 minutos.

Dica: seja parcimonioso ao temperar a carne moída, pois ela absorve facilmente os temperos.

Energia	737 kcal	Potássio	1.363 mg	Ác. pantotênico	1,6 mg
Proteína	66 g	Zinco	19 mg	Vitamina B_6	0,6 mg
Lipídio	37 g	Cobre	0,4 mg	Folato	103 mcg
Carboidrato	35 g	Selênio	0 mg	Vitamina B_{12}	7 mcg
Fibras	4 g	Cromo	0 mg	Vitamina A	19 Re
Cálcio	127 mg	Iodo	0 mg	Vitamina D	0 UI
Fósforo	457 mg	Vitamina C	38 mg	Vitamina E	21 mg
Magnésio	103 mg	Tiamina	0,2 mg	Vitamina K	100 mcg
Ferro	9 mg	Riboflavina	1 mg	Biotina	0 mcg
Sódio	2.302 mg	Niacina	11 mg	Colesterol	201 mg

Couve-flor italiana

Ao escolher a couve-flor, prefira as mais brancas e firmes. Não descarte as folhas da couve-flor. Elas podem ser usadas em sopas. Bem picadinhas podem ser refogadas.

Ingredientes
1 couve-flor pequena
1 colher de sobremesa de passas brancas
1 colher de sobremesa de pinhole (opcional)
1 colher de sopa de óleo
pimenta-do-reino

Rendimento: 2 porções.
Tempo de preparo: 20 minutos.

Separe os buquês de couve-flor, lave-os e cozinhe-os no vapor por uns 8 a 10 minutos. Não cozinhe demais senão elas se desmancham. Aqueça o óleo em uma frigideira antiaderente. Junte os buquês, as passas e o pinhole. Tempere com sal e pimenta, e refogue por uns 8 minutos em fogo brando.

Dica: a couve-flor pode ser substituída por brócolis ou até por vagem.

Energia	221 kcal	Potássio	1.690 mg	Ác. pantotênico	0,6 mg
Proteína	10 g	Zinco	1 mg	Vitamina B_6	1 mg
Lipídio	9 g	Cobre	0,5 mg	Folato	256 mcg
Carboidrato	31 g	Selênio	0 mg	Vitamina B_{12}	0 mcg
Fibras	11 g	Cromo	0 mg	Vitamina A	5 Re
Cálcio	140 mg	Iodo	0 mg	Vitamina D	0 UI
Fósforo	185 mg	Vitamina C	277 mg	Vitamina E	9 mg
Magnésio	58 mg	Tiamina	0,3 mg	Vitamina K	40 mcg
Ferro	2 mg	Riboflavina	0,3 mg	Biotina	0 mcg
Sódio	31 mg	Niacina	3 mg	Colesterol	0 mg

Espaguete ao alho e óleo e outros temperos

Quando um atleta pensa em carboidrato, imediatamente ele pensa em alguma massa. Isso ocorre por dois motivos: ela se transforma rapidamente em energia, e também por ser de rápido preparo. Se puder, dê preferência ao espaguete importado que é feito de "trigo duro".

Ingredientes:
300 g de espaguete
2 dentes de alho
½ pimenta-malagueta
1 colher de sobremesa de hortelã picada
2 colheres de sobremesa de salsinha picada
40 ml de azeite extravirgem
sal
3 ℓ de água

Rendimento: 2 porções.
Tempo de preparo: 20 minutos.

Em um caldeirão ponha a água com sal para ferver. Quando começar a ferver, ponha o espaguete para cozinhar pelo tempo indicado no pacote. Em uma frigideira não aderente, aqueça um pouco do azeite e doure nele o alho picado. Junte a pimenta picada. A seguir, coloque na frigideira o espaguete cozido *al dente* e escorrido e misture. Acrescente o restante do azeite, a salsinha e a hortelã, misture bem por 1 ou 2 minutos e sirva.

Dica: atenção ao cozimento da massa. Em determinado momento a massa adquire a consistência perfeita *al dente*. Antes disso, está ainda crua. Passado esse momento fica cozida demais e, portanto, mole.

Energia	1031 kcal	Potássio	421 mg	Ác. pantotênico	0 mg
Proteína	21 g	Zinco	0,1 mg	Vitamina B_6	0,1 mg
Lipídio	43 g	Cobre	0 mg	Folato	2 mcg
Carboidrato	140 g	Selênio	0,1 mg	Vitamina B_{12}	0 mcg
Fibras	10 g	Cromo	0,2 mg	Vitamina A	19 Re
Cálcio	71 mg	Iodo	0 mg	Vitamina D	0 UI
Fósforo	312 mg	Vitamina C	3 mg	Vitamina E	7 mg
Magnésio	3 mg	Tiamina	0,8 mg	Vitamina K	0 mcg
Ferro	6 mg	Riboflavina	0,5 mg	Biotina	0 mcg
Sódio	11 mg	Niacina	7	Colesterol	0 mg

Feijão-branco com tomate

De tamanho médio e de cor clara, o feijão-branco é o feijão próprio para ser servido em saladas. Entretanto, também pode ser consumido em ensopados e sopas. Contém mais fibras solúveis do que as demais leguminosas.

Ingredientes
1 copo de feijão-branco
6 tomates médios
2 cebolas
1 dente de alho
2 folhas de louro
1 colher de chá de tomilho
1 colher de chá de manjerona
1 colher de sopa de azeite
2 colheres de sopa de salsinha picada
sal
pimenta-do-reino

Rendimento: 2 porções.
Tempo de preparo: 30 minutos mais 4 horas, as quais o feijão fica de molho.

Deixe o feijão de molho por umas 4 a 5 horas. Ponha água numa panela de pressão e nela coloque o feijão, uma cebola, o tomilho, o louro, a manjerona e o sal. Quando começar a pressão, abaixe o fogo e deixe o feijão cozinhar por uns 20 minutos. Lave os tomates e corte-os em quatro. Corte também a cebola em tiras. Aqueça o azeite numa frigideira antiaderente. Doure a cebola. Acrescente os tomates e tempere com pimenta-do-reino e sal. Escorra o feijão-branco. Coloque-o numa panela com os tomates. Aqueça por alguns minutos. Na hora de servir, salpique com a salsinha e o alho amassado.

Dica: você pode trocar os temperos e colocar outros de sua preferência como alecrim, coentro etc.

Energia	566 kcal	Potássio	2.558 mg	Ác. pantotênico	1,6 mg
Proteína	29 g	Zinco	1 mg	Vitamina B_6	0,6 mg
Lipídio	11 g	Cobre	0,5 mg	Folato	85 mcg
Carboidrato	96 g	Selênio	0 mg	Vitamina B_{12}	0 mcg
Fibras	29 g	Cromo	0,1 mg	Vitamina A	610 Re
Cálcio	226 mg	Iodo	0 mg	Vitamina D	0 UI
Fósforo	593 mg	Vitamina C	110 mg	Vitamina E	10 mg
Magnésio	77 mg	Tiamina	0,8 mg	Vitamina K	25 mcg
Ferro	11 mg	Riboflavina	0,5 mg	Biotina	0 mcg
Sódio	67 mg	Niacina	5 mg	Colesterol	0 mg

Feijão-rosa fresco

O feijão fresco é inegavelmente mais saboroso do que o seco. É fácil de cozinhar – cerca de 20 minutos em fogo brando.

Ingredientes
200 g de feijão-rosa fresco
1 colher de chá de óleo
1 cebola pequena
1 dente de alho amassado
1 pimenta-malagueta pequena
1 colher de chá de cominho em pó

Rendimentos: 3 porções.
Tempo de preparo: 40 minutos.

Lave o feijão e coloque-o numa panela com água em quantidade suficiente para cobri-lo e uma pitada de sal. Cozinhe em fogo brando por uns 20 minutos. Enquanto isso, coloque o óleo numa frigideira antiaderente e refogue a cebola e o alho. Junte a pimenta cortada em tirinhas e o cominho. Amasse um pouco do feijão e coloque-o na frigideira. Depois transfira para a panela e cozinhe por mais 10 minutos.

Dica: você pode apenas cozinhar o feijão, deixar amornar e servir com um vinagrete. Assim terá uma salada de feijão.

Energia	728 kcal	Potássio	2.197 mg	Ác. pantotênico	0,1 mg
Proteína	46 g	Zinco	0,2 mg	Vitamina B_6	0,1 mg
Lipídio	6 g	Cobre	0 mg	Folato	14 mcg
Carboidrato	129 g	Selênio	0 mg	Vitamina B_{12}	0 mcg
Fibras	10 g	Cromo	0 mg	Vitamina A	0 Re
Cálcio	293 mg	Iodo	0 mg	Vitamina D	0 UI
Fósforo	865 mg	Vitamina C	7 mg	Vitamina E	3 mg
Magnésio	8 mg	Tiamina	1 mg	Vitamina K	13 mcg
Ferro	16 mg	Riboflavina	0,4 mg	Biotina	0 mcg
Sódio	52 mg	Niacina	4 mg	Colesterol	0 mg

Fettuccine ao espinafre

Ao comprar *fettuccine*, prefira os importados de origem italiana que são feitos com sêmola e não com farinha de trigo. Espinafre é uma das poucas verduras que costumo comprar congelada e picada. As massas devem cozinhar em muita água. Assim, calcule 1 ℓ de água para cada 100 g de massa.

Ingredientes
1 pacote de 400 g de espinafre picado e congelado
200 g de *fettuccine* de espinafre
1 colher de sopa de pinhole
1 colher de sobremesa de azeite
1 cebola pequena picada
1 dente de alho pequeno e amassado
1 colher de sobremesa de manjericão fresco
120 g de ricota fresca
1 pitada de noz-moscada

Rendimento: 2 porções.
Tempo de preparo: 30 minutos.

Coloque a água numa panela, acrescente sal e leve para ferver. Quando estiver fervendo coloque o *fettuccine* para cozinhar, seguindo o tempo de cozimento indicado na embalagem (geralmente é em torno de 10 minutos).

Enquanto isso, ponha o espinafre numa panela e leve ao fogo médio. Quando estiver aquecido, retire do fogo, escorra bem e retire, com a ajuda de uma colher, o excesso de líquido.

Coloque os pinholes em uma frigideira antiaderente e leve ao fogo para tostar, mas mexendo sempre para evitar que queimem. Retire do fogo e reserve. Coloque novamente a frigideira no fogo com o azeite e acrescente a cebola picada e o alho, deixe-os dourar. Apague o fogo e acrescente o manjericão picado. Escorra o macarrão. Em uma tigela, misture o espinafre com o pinhole, a ricota e os temperos. Junte o *fettuccine*, misture bem e sirva.

Curiosidade: durante muito tempo, graças a Popeye, personagem do desenho animado americano, acreditava-se que o espinafre era um alimento rico em ferro. Mas não é verdade. O corpo humano absorve muito pouco do ferro existente no espinafre. Assim seria necessário comer 2 kg de espinafre para obter a mesma quantidade de ferro que 100 g de carne vermelha fornecem.

Energia	955 kcal	Potássio	3.104 mg	Ác. pantotênico	1 mg
Proteína	48 g	Zinco	5 mg	Vitamina B_6	1 mg
Lipídio	49 g	Cobre	1 mg	Folato	931 mcg
Carboidrato	89 g	Selênio	0 mg	Vitamina B_{12}	1 mcg
Fibras	19 g	Cromo	0,1 mg	Vitamina A	3294 Re
Cálcio	949 mg	Iodo	0 mg	Vitamina D	0 UI
Fósforo	765 mg	Vitamina C	133 mg	Vitamina E	1 mg
Magnésio	457 mg	Tiamina	1 mg	Vitamina K	0 mcg
Ferro	16 mg	Riboflavina	1 mg	Biotina	0 mcg
Sódio	529 mg	Niacina	7 mg	Colesterol	101 mg

Filé de badejo ao vinagrete

Gosto de preparar esse prato com badejo, mas ele também fica ótimo se o filé for de linguado ou de atum. No caso do linguado, é preciso tomar cuidado para que o filé não se desmanche durante o cozimento. Um filé de linguado cozinha bem rápido (uns 5 minutos).

Ingredientes
1 colher de chá de azeite
1 filé de badejo de aproximadamente 140 g

Para o vinagrete
1 colher de sopa de azeite
suco de 1 limão
1 colher de café de sálvia fresca
1 colher de café de tomilho fresco
1 colher de café de salsinha fresca
1 colher de café de manjericão fresco
sal (opcional)

Rendimento: 1 porção.
Tempo de preparo: 15 minutos.

Em uma frigideira antiaderente coloque a colher de chá de azeite e leve ao fogo médio para aquecer. Quando estiver aquecido, coloque o filé e deixe fritar por uns 5 minutos. Vire e deixe cozinhar por mais 3 ou 4 minutos ou até o filé ficar cozido. No último minuto de cozimento, coloque o sal. Enquanto isso, prepare o vinagrete. Com um garfo, misture o azeite com o limão e acrescente os demais temperos. Assim que o peixe estiver pronto, transfira para um prato, regue com o vinagrete e sirva.

Dica: os temperos frescos podem ser substituídos por temperos desidratados e os temperos podem ser mudados. Algumas opções são: estragão, coentro, alecrim etc.

Energia	280 kcal	Potássio	527 mg	Ác. pantotênico	0,1 mg
Proteína	24 g	Zinco	0 mg	Vitamina B$_6$	0 mg
Lipídio	19 g	Cobre	0 mg	Folato	6 mcg
Carboidrato	6 g	Selênio	0 mg	Vitamina B$_{12}$	0 mcg
Fibras	0,2 g	Cromo	0 mg	Vitamina A	2 Re
Cálcio	48 mg	Iodo	0 mg	Vitamina D	0 UI
Fósforo	350 mg	Vitamina C	32 mg	Vitamina E	1 mg
Magnésio	5 mg	Tiamina	0,1 mg	Vitamina K	0 mcg
Ferro	1 mg	Riboflavina	0,1 mg	Biotina	0 mcg
Sódio	106 mg	Niacina	4 mg	Colesterol	77 mg

Filé de frango marroquino

O consumo de frango aumentou vertiginosamente nos últimos vinte anos. A carne branca do frango é duas vezes menos rica em ferro do que a carne vermelha. Entretanto, o frango é uma carne de fácil preparo e digestão. Como toda carne branca, é importante que esteja bem cozida.

Ingredientes
2 filés de peito de frango
1 pimenta dedo-de-moça
2 dentes de alho amassados
caldo de 1 limão
2 colheres de sopa de azeite
1 colher de chá de canela em pó
2 colheres de sopa de passas brancas sem sementes
1 colher de sopa de pinhole
1 colher de sopa de horletã picada

Rendimento: 2 porções.
Tempo de preparo: 1 hora.

Coloque os filés de frango em um prato fundo. Misture a pimenta picada com o alho, o limão, metade do azeite, a canela, as passas e o pinhole. Verta essa marinada sobre os filés e deixe descansar uns 20 minutos (se puder deixar mais tempo, será melhor). Aqueça o resto do óleo em uma frigideira antiaderente e nele coloque os filés para cozinhar. Cozinhe até ficarem dourados, vire-os e cozinhe do outro lado. Coloque a marinada na panela e assim que ferver tempere com sal e pimenta. Salpique com a hortelã e sirva.

Dica: caso não tenha pinhole, use avelãs picadas na mesma quantidade.

Energia	712 kcal	Potássio	802 mg	Ác. pantotênico	2 mg
Proteína	63 g	Zinco	3 mg	Vitamina B_6	1 mg
Lipídio	38 g	Cobre	1 mg	Folato	31 mcg
Carboidrato	34 g	Selênio	0 mg	Vitamina B_{12}	0,5 mcg
Fibras	2 g	Cromo	0 mg	Vitamina A	16 Re
Cálcio	113 mg	Iodo	0 mg	Vitamina D	0 UI
Fósforo	454 mg	Vitamina C	35 mg	Vitamina E	2 mg
Magnésio	135 mg	Tiamina	0,3 mg	Vitamina K	0 mcg
Ferro	4 mg	Riboflavina	0,3 mg	Biotina	0 mcg
Sódio	132 mg	Niacina	18 mg	Colesterol	154 mg

Frango com ameixa

O frango é uma das carnes mais versáteis que existe. De preço acessível e fácil de preparar, combina bem com muitas ervas e temperos como páprica, orégano, mostarda, *curry* e outros. Essa receita é para aqueles que gostam de misturar doce com salgado.

Ingredientes
1 colher de sobremesa de óleo
250 g de filé de peito de frango cortado em tiras grandes
1 cebola média picada
1 tomate médio cortado em cubos
60 g de ameixas secas sem caroço
suco de 1 limão
200 ml de água
sal

Rendimento: 2 porções.
Tempo de preparo: 30 minutos.

Em uma panela antiaderente aqueça o óleo e refogue o frango e a cebola até dourar. Acrescente o tomate. A seguir, junte as ameixas, o limão, a água e cozinhe em fogo baixo, com a panela tampada, durante uns 20 minutos.

Dica: você pode substituir as ameixas por damascos secos. Nesse caso, prefira os doces e não os ácidos.

Energia	629 kcal	Potássio	1.315 mg	Ác. pantotênico	2 mg
Proteína	76 g	Zinco	3 mg	Vitamina B_6	1,2 mg
Lipídio	13 g	Cobre	0,5 mg	Folato	41 mcg
Carboidrato	53 g	Selênio	0 mg	Vitamina B_{12}	0,6 mcg
Fibras	10 g	Cromo	0,1 mg	Vitamina A	238 Re
Cálcio	106 mg	Iodo	0 mg	Vitamina D	0 UI
Fósforo	515 mg	Vitamina C	57 mg	Vitamina E	6 mg
Magnésio	110 mg	Tiamina	0,3 mg	Vitamina K	29 mcg
Ferro	5 mg	Riboflavina	0,5 mg	Biotina	0 mcg
Sódio	170 mg	Niacina	23 mg	Colesterol	193 mg

Frango com café

Isto sim é que se pode chamar de prato exótico. A combinação parece esquisita, mas combina. O café deve ser fraco, caso contrário o prato ficará amargo.

Ingredientes:
2 filés de frango
1 colher de sopa de óleo
1 cebola média
1 colher de chá de páprica doce
1 xícara de cafézinho de café fraco
1 colher de sobremesa de maisena
150 ml de iogurte

Rendimento: 2 porções.
Tempo de preparo: 30 minutos.

Coloque um pouco de óleo numa frigideira antiaderente e frite os filés de frango. Reserve. Na mesma frigideira refogue a cebola; acrescente a páprica. A seguir, junte o café. Misture a maisena com o iogurte e agregue ao refogado. Mexa bem e rápido. Verta este molho sobre os filés e sirva.

Energia	479 kcal	Potássio	815 mg	Ác. pantotênico	2 mg
Proteína	56 g	Zinco	3 mg	Vitamina B_6	0,7 mg
Lipídio	15 g	Cobre	0,1 mg	Folato	39 mcg
Carboidrato	26 g	Selênio	0 mg	Vitamina B_{12}	1 mcg
Fibras	2 g	Cromo	0 mg	Vitamina A	34 Re
Cálcio	317 mg	Iodo	0 mg	Vitamina D	0 UI
Fósforo	511 mg	Vitamina C	8 mg	Vitamina E	8 mg
Magnésio	76 mg	Tiamina	0,2 mg	Vitamina K	58 mcg
Ferro	2 mg	Riboflavina	0,5 mg	Biotina	0 mcg
Sódio	211 mg	Niacina	14 mg	Colesterol	135 mg

> Para o cidadão comum **não tem o menor cabimento** o sujeito **usar de suplementos**. Corre-se risco em algumas das substâncias. **Se a dieta está adequada** muito poucas pessoas terão a indicação de suplemento alimentar. — Dr. Paulo Zogaib

* Foto real da receita ao lado

Frango com iogurte e *chutney*

Para preparar esse prato, o mais aconselhável é que o iogurte esteja na temperatura ambiente. O *chutney* é uma mistura de frutas acrescidas com temperos e é típico da culinária indiana. Há vários tipos de *chutney*: doces, agridoces, salgados, picantes etc. Alguns *chutneys* são conservas, outros podem ser feitos diariamente com ingredientes frescos para uso imediato. O *chutney* pode ser usado como um molho para acompanhar um prato ou pode ser usado como tempero e o alimento ser cozido com *chutney*.

Ingredientes
1 colher de sopa de *chutney*
3 colheres de sopa de iogurte desnatado e sem açúcar
1 colher de chá de azeite
1 dente de alho pequeno esmagado
1 colher de chá de gengibre fresco ralado
120 g de filé de frango cortado em tiras

Rendimento: 1 porção.
Tempo de preparo: 20 minutos.

Em uma vasilha pequena misture o iogurte com o *chutney*. Reserve. Em uma frigideira antiaderente aqueça o azeite em fogo médio e doure nele o alho e o gengibre por uns 30 segundos. A seguir, acrescente as tiras de frango. Refogue o frango, mexendo de vez em quando até que fique dourado. Abaixe o fogo. Com delicadeza, acrescente a mistura de iogurte com o *chutney* ao frango. Tome cuidado para que não ferva. Mexa e aqueça essa mistura por uns 30 segundos. Experimente e ajuste os temperos se necessário.

Dica: o *chutney* se conserva por meses na geladeira. Experimente com outros alimentos, como, por exemplo, carnes, queijo parmesão etc.

Energia	239 kcal	Potássio	329 mg	Ác. pantotênico	0,9 mg
Proteína	37 g	Zinco	1 mg	Vitamina B_6	0,4 mg
Lipídio	7 g	Cobre	0 mg	Folato	7 mcg
Carboidrato	6 g	Selênio	0 mg	Vitamina B_{12}	0,4 mcg
Fibras	0 g	Cromo	0 mg	Vitamina A	22Re
Cálcio	77 mg	Iodo	0 mg	Vitamina D	0 UI
Fósforo	248 mg	Vitamina C	2 mg	Vitamina E	0,3 mg
Magnésio	36 mg	Tiamina	0,1 mg	Vitamina K	0 mcg
Ferro	1 mg	Riboflavina	0,2 mg	Biotina	0 mcg
Sódio	98 mg	Niacina	10 mg	Colesterol	94 mg

*Foto real da receita ao lado

Guacamole

É um creme de abacate salgado de origem mexicana, mas famoso no mundo todo. É uma ótima combinação de abacate com limão e pimenta. O abacate é um fruto oleaginoso, originário do México, mas atualmente é cultivado em muitos países como Israel, Brasil, África do Sul etc. No Brasil, o abacate é geralmente servido batido e doce, mas tanto na Europa, como na América do Norte e Central, ele é servido salgado.

Ingredientes
1 abacate grande e maduro
1 dente de alho amassado
1 cebola pequena picadinha
2 colheres de sobremesa de limão
½ pimenta-malagueta picadinha.
sal

Rendimento: 3 porções.
Tempo de preparo: 10 minutos.

Coloque o abacate sem casca e sem caroço no liquidificador. Bata com os demais ingredientes até formar um creme. Coloque numa vasilha e sirva.

Dica: caso prepare este prato algumas horas antes, coloque o caroço do abacate na mistura, cubra e deixe no refrigerador. O caroço impede que o creme fique marrom. Retire o caroço na hora de servir.

Curiosidade: apesar de ser muito calórico, o abacate é considerado um alimento "protetor do coração" por ser rico em ácidos graxos insaturados.

Energia	355 kcal	Potássio	1.343 mg	Ác. pantotênico	2 mg
Proteína	5 g	Zinco	1 mg	Vitamina B_6	0,7 mg
Lipídio	31 g	Cobre	0,6 mg	Folato	140 mcg
Carboidrato	23 g	Selênio	0 mg	Vitamina B_{12}	0 mcg
Fibras	6 g	Cromo	0 mg	Vitamina A	122 Re
Cálcio	46 mg	Iodo	0 mg	Vitamina D	0 UI
Fósforo	108 mg	Vitamina C	32 mg	Vitamina E	0,2 mg
Magnésio	87 mg	Tiamina	0,3 mg	Vitamina K	0 mcg
Ferro	2 mg	Riboflavina	0,2 mg	Biotina	0 mcg
Sódio	22 mg	Niacina	4 mg	Colesterol	0 mg

Lulas no vapor

As lulas vivem em todos os mares, menos no Mar Negro. São pouco consumidas porque seu aspecto causa repulsa em muitas pessoas. Lulas, como todos os frutos do mar, são ricas em colesterol, entretanto também apresentam boa quantidade de potássio e cálcio. Caso tenha uma cesta para cozimento no vapor que acomode um prato de sopa, será mais fácil cozinhar esse prato. Caso contrário, faça duas ou três trouxas com papel de alumínio e coloque os camarões temperados nelas.

Ingredientes
120 g de lulas limpas
1 pedaço de 5 cm de gengibre
2 cebolinhas picadas
1 dente de alho pequeno (opcional)
1 colher de sopa de *shoyu*
2 colheres de sopa de xerez seco
1 colher de chá de óleo de gergelim tostado

Rendimento: 1 porção.
Tempo de preparo: 20 minutos.

Numa panela coloque água para ferver. Enquanto isso, misture todos os ingredientes. A seguir, transfira-os para um prato de sopa e, com cuidado, coloque o prato sobre a cesta para cozimento no vapor e, em seguida, na panela de água fervente. Tampe e cozinhe por 12 a 15 minutos.

Dica: caso o seu prato não caiba na cesta, coloque os ingredientes em uma ou várias folhas de papel de alumínio, feche-as bem para conservar todos os temperos e coloque-as na cesta para cozimento no vapor.

Energia	207 kcal	Potássio	472 mg	Ác. pantotênico	0 mg
Proteína	20 g	Zinco	0,1 mg	Vitamina B_6	0 mg
Lipídio	4 g	Cobre	0 mg	Folato	1 mcg
Carboidrato	11 g	Selênio	0 mg	Vitamina B_{12}	0 mcg
Fibras	0,2 g	Cromo	0 mg	Vitamina A	38 Re
Cálcio	25 mg	Iodo	0 mg	Vitamina D	0 UI
Fósforo	151 mg	Vitamina C	6 mg	Vitamina E	3 mg
Magnésio	5 mg	Tiamina	0 mg	Vitamina K	12 mcg
Ferro	0,8 mg	Riboflavina	0,2 mg	Biotina	0 mcg
Sódio	402 mg	Niacina	4 mg	Colesterol	66 mg

Mandioca ao forno

A mandioca é um tubérculo muito comum nas regiões tropicais. É a base da alimentação de muitos povos da América Latina bem como da África Ocidental. Na Europa, as pessoas não comem a mandioca, mas a tapioca, que é a fécula da mandioca. No Brasil, as pessoas costumam comer mandioca frita, mas esse prato ao forno é uma delícia e fica ótimo como acompanhamento de frango ou carne.

Ingredientes
400 g de mandioca
100 ml de leite de coco
100 ml de leite desnatado quente
sal
1 colher de sopa de queijo parmesão ralado

Rendimento: 3 porções.
Tempo de preparo: 40 minutos.

Lave, descasque e cozinhe a mandioca em água e sal até que fique mole. Escorra bem, corte-a em pedaços longitudinais e retire o fio que há no meio. Amasse as mandiocas, junte o leite de coco e o leite comum, transfira para um prato refratário, salpique com o parmesão ralado e leve ao forno quente por uns 10 a 15 minutos.

Curiosidade: as folhas da mandioca são comestíveis e podem ser servidas em salada ou refogadas.

Energia	743 kcal	Potássio	394 mg	Ác. pantotênico	0,5 mg
Proteína	11 g	Zinco	1 mg	Vitamina B_6	0,1 mg
Lipídio	25 g	Cobre	0,2 mg	Folato	19 mcg
Carboidrato	124 g	Selênio	0 mg	Vitamina B_{12}	0,4 mcg
Fibras	2 g	Cromo	0 mg	Vitamina A	61 Re
Cálcio	360 mg	Iodo	0 mg	Vitamina D	0 UI
Fósforo	407 mg	Vitamina C	126 mg	Vitamina E	0 mg
Magnésio	57 mg	Tiamina	0,3 mg	Vitamina K	0 mcg
Ferro	7 mg	Riboflavina	0,3 mg	Biotina	0 mcg
Sódio	209 mg	Niacina	3 mg	Colesterol	8 mg

Massas

Na maioria dos supermercados você encontra massas italianas preparadas com *grano duro* (farinha de sêmola) e sem ovos. Elas são mais saborosas e leves do que as de fabricação nacional feitas com farinha de trigo.

Para se preparar um bom espaguete ou qualquer outro tipo de massa são necessários alguns cuidados relacionados a seguir:

1. Não coloque óleo na água em que o macarrão será cozido. O óleo forma uma película em torno da massa impedindo que esta seja impregnada pelo molho. Entretanto, não se esqueça de mexer o macarrão enquanto este cozinha para evitar que grude.

2. O macarrão deve nadar na água salgada, ou seja, um litro de água para cada 100 g de massa a ser cozida.

3. Assim que o macarrão é colocado na água, esta para de ferver. Só comece a contar o tempo de cozimento quando a água recomeçar a ferver. Se quiser, tampe a panela para que volte a ferver rapidamente e assim que recomeçar, destampe-a.

4. Reserve 1 copo da água do cozimento para incorporar ao molho (se necessário). O amido contido na água permite uma melhor aderência do molho.

5. Depois de escorrer, não passe o macarrão sob a água corrente porque esse processo retira o amido da massa, dificultando sua impregnação pelo molho.

6. Não cozinhe dois tipos diferentes de massa na mesma panela pois o tempo de cozimento de uma não é igual ao da outra e o resultado será que uma delas ficará mais cozida do que a outra.

7. Para preparar saladas de macarrão, prefira os de menor tamanho (parafuso, borboleta).

"Cerca de 90% das pessoas tem ansiedade e gula e fazem da comida um escape. Hoje se tem mais informação que no passado, com as novas tecnologias, mas por incrível que pareça, poucas pessoas fazem uma alimentação correta!" Erick Bell

Massa básica para tortas

Eis algumas recomendações para preparar com sucesso esta massa básica para tortas. A cozinha não deve estar quente e cheia de vapor. Tanto a manteiga como a água devem estar geladas. Não coloque nem sal nem açúcar na massa. Assim, ela servirá tanto para tortas doces como salgadas. Essa massa fica mais saborosa se preparada com alguns dias de antecedência (ela se conserva até por, no máximo, oito dias). Guarde-a em um vasilhame ou em um saco plástico e na geladeira. Retire-a da geladeira pelo menos 2 ou 3 horas antes de ser usada.

Ingredientes
60 g de farinha de trigo refinada
60 g de farinha de trigo integral
60 g de manteiga ou margarina
½ copo de água gelada (aproximadamente 60 ml)

Rendimento: 4 a 6 porções.
Tempo de preparo: 10 minutos.

Coloque as farinhas sobre o mármore ou sobre qualquer superfície seca e bem fria. Corte a manteiga ou a margarina em pedaços. Com a ponta dos dedos, misture a margarina ou manteiga até formar uma farofa. A seguir, acrescente pouco a pouco a água e misture até formar uma massa que se desprenda facilmente dos dedos. Faça uma bola em uma forma untada e polvilhada. Utilizando um garfo, espete a massa em vários pontos. Os furos feitos com o garfo permitem a saída do ar durante o cozimento.

Observações
1. Se a massa da torta ficar muito dura é porque foi muito trabalhada, ou porque foi colocada muita água.
2. Se ela é quebradiça e é difícil de abrir é porque faltou água.
3. Se as beiradas caem durante o cozimento é porque ou a massa está muito mole (excesso de água), ou o forno não está bem aquecido. essa massa. Amasse-a com a palma da mão. Repita essa operação três vezes. A seguir, faça novamente uma bola, polvilhe-a com farinha e coloque-a em um vasilhame com tampa ou em um saco plástico. A massa deve descansar pelo menos uma hora antes de ser usada.

Para abrir a massa, espalhe farinha em uma superfície fria. Com a ajuda de um rolo abridor de massas, abra-a, levante-a e vire-a; continue a abrir colocando mais farinha sobre a superfície. Deixe a massa com uns 2 mm de espessura. Coloque-a na forma. Espete a massa com um garfo para que o ar saia durante o cozimento, evitando assim que ela levante.

Energia	869 kcal	Potássio	126 mg	Ác. pantotênico	0 mg
Proteína	14 g	Zinco	0 mg	Vitamina B_6	0 mg
Lipídio	50 g	Cobre	0 mg	Folato	0 mcg
Carboidrato	91 g	Selênio	0 mg	Vitamina B_{12}	0 mcg
Fibras	3 g	Cromo	0 mg	Vitamina A	0 Re
Cálcio	31 mg	Iodo	0 mg	Vitamina D	18 UI
Fósforo	116 mg	Vitamina C	0 mg	Vitamina E	1 mg
Magnésio	0 mg	Tiamina	0,1 mg	Vitamina K	0 mcg
Ferro	1 mg	Riboflavina	0,1 mg	Biotina	0 mcg
Sódio	9 mg	Niacina	1 mg	Colesterol	132 mg

Molhos

Chutney de papaia

Chutney é uma criação da culinária indiana. Em geral, cozinha-se frutas com vinagre, açúcar e especiarias. Os *chutneys* podem ser mais ou menos condimentados. Por causa do cozimento no vinagre, é recomendável não prepará-lo em uma panela de alumínio.

Ingredientes
4 xícaras de papaia descascada e cortada em pedaços médios
1 cebola pequena ralada
2 xícaras de maçãs verdes descascadas e picadas
½ xícara de uva passa branca e sem semente
¾ de xícara de vinagre branco
1 xícara de açúcar mascavo
suco de ½ limão
½ xícara de água
3 colheres de sobremesa de pimentão verde picado
1 colher de sopa de gengibre fresco ralado
2 dentes de alho amassados
1 colher de café de sal
¼ de xícara de amêndoas torradas e picadas

Rendimento: aproximadamente um pote de 400 ml.
Tempo de preparo: 60 minutos.

Em uma panela coloque todos os ingredientes, menos as amêndoas. Tampe a panela e leve ao fogo brando. Mexa de vez em quando. Cozinhe por uns 20 minutos. Acrescente as amêndoas e cozinhe por mais uns 20 a 30 minutos, mexendo com frequência. Retire do fogo, deixe esfriar e depois amasse. Coloque em vasilhames de vidro, com tampa de plástico e guarde na geladeira.

Energia	1.313 kcal	Potássio	2.947 mg	Ác. pantotênico	1,5 mg
Proteína	12 g	Zinco	2 mg	Vitamina B_6	0,7 mg
Lipídio	14 g	Cobre	0,8 mg	Folato	50 mcg
Carboidrato	311 g	Selênio	0 mg	Vitamina B_{12}	0 mcg
Fibras	17 g	Cromo	0 mg	Vitamina A	917 Re
Cálcio	388 mg	Iodo	0 mg	Vitamina D	0 UI
Fósforo	299 mg	Vitamina C	361 mg	Vitamina E	8 mg
Magnésio	164 mg	Tiamina	0,4 mg	Vitamina K	0 mcg
Ferro	9 mg	Riboflavina	0,4 mg	Biotina	0 mcg
Sódio	72 mg	Niacina	3 mg	Colesterol	0 mg

Maionese falsa

A maionese verdadeira é um molho feito com gema de ovo cru e óleo. A gema crua forma uma emulsão com o óleo acrescentado pouco a pouco. É um molho muito calórico, indigesto e, por causa da gema crua, passível de se deteriorar rapidamente.

Há inúmeras versões de molhos menos calóricos e mais saudáveis do que a maionese. A maioria delas utiliza iogurte.

Ingredientes
100 g de queijo *cottage* (opcional)
½ pote de iogurte natural desnatado
1 colher de chá de cebolinha picada
1 dente de alho pequeno amassado
1 colher de chá de mostarda de boa qualidade

Rendimento: aproximadamente 200 ml.
Tempo de preparo: 5 minutos.

Coloque todos os ingredientes numa tigela e com um garfo bata até formar uma pasta homogênea. Se quiser também pode bater tudo no liquidificador.

Energia	177 kcal	Potássio	309 mg	Ác. pantotênico	0,8 mg
Proteína	22 g	Zinco	1 mg	Vitamina B_6	0,1 mg
Lipídio	5 g	Cobre	0 mg	Folato	14 mcg
Carboidrato	10 g	Selênio	0 mg	Vitamina B_{12}	0,7 mcg
Fibras	0,1 g	Cromo	0 mg	Vitamina A	26 Re
Cálcio	236 mg	Iodo	0 mg	Vitamina D	0 UI
Fósforo	186 mg	Vitamina C	3 mg	Vitamina E	0,1 mg
Magnésio	23 mg	Tiamina	0,1 mg	Vitamina K	0 mcg
Ferro	0,2 mg	Riboflavina	0,3 mg	Biotina	0 mcg
Sódio	401 mg	Niacina	0,2 mg	Colesterol	21 mg

> *Um organismo treinado habituado a uma dieta correta, tem melhores condições de absorver e lidar com esses pequenos excessos.*
> **Dr. Paulo Zogaib**

Molho com agrião

Esse molho combina com peixe, ovos, salada de batata. Ele se conserva por dois ou três dias na geladeira.

Ingredientes
½ copo de iogurte natural desnatado
2 xícaras de folhas de agrião limpas
1 colher de sopa de azeite
1 pitada de sal

Rendimento: 120 ml.
Tempo de preparo: 5 minutos.

Bata todos os ingredientes no liquidificador.

Dica: você pode substituir o iogurte por maionese *light*. Nesse caso, ponha uma colher de chá de mostarda e o sumo de 1 limão.

Energia	153 kcal	Potássio	391 mg	Ác. pantotênico	0,8 mg
Proteína	7 g	Zinco	1 mg	Vitamina B_6	0,1 mg
Lipídio	10 g	Cobre	0 mg	Folato	17 mcg
Carboidrato	9 g	Selênio	0 mg	Vitamina B_{12}	0,7 mcg
Fibras	0,7 g	Cromo	0 mg	Vitamina A	161 Re
Cálcio	264 mg	Iodo	0 mg	Vitamina D	0 UI
Fósforo	197 mg	Vitamina C	14 mg	Vitamina E	1 mg
Magnésio	28 mg	Tiamina	0,1 mg	Vitamina K	17 mcg
Ferro	0,2 mg	Riboflavina	0,3 mg	Biotina	0 mcg
Sódio	100 mg	Niacina	0,2 mg	Colesterol	8 mg

> "Do mesmo jeito que você **evita os carboidratos** simples, tente evitar as gorduras mais pesadas." Dr. Paulo Zogaib

Molho de tomate

O tomate é originário do México. Foram os espanhóis que levaram o tomate do México para a Europa. Há vários tipos de tomate, alguns mais doces outros mais ácidos. De qualquer modo, procure comprar os bem maduros para preparar esse molho. Os tomates estragam, mas não amadurecem depois de colhidos.

Ingredientes

20 g de margarina
1 colher de sopa de azeite
1 dente de alho esmagado (opcional)
½ kg de tomates bem maduros sem pele e picados em cubinhos
6 folhas de manjericão
sal e pimenta-do-reino moída na hora

Rendimento: 200 ml.
Tempo de preparo: 15 minutos.

Em uma panela, coloque a margarina, o azeite, os tomates e o manjericão. Cozinhe em fogo brando por uns 10 minutos, mexendo de vez em quando. Tempere com sal e pimenta.

Dica: você também pode guardar esse molho no congelador da mesma forma que congela os caldos, isto é, colocando-o nas formas de gelo. O manjericão pode ser substituído por manjerona ou orégano e colocado no final do cozimento.

Energia	313 kcal	Potássio	1.055 mg	Ác. pantotênico	1,3 mg
Proteína	5 g	Zinco	0,6 mg	Vitamina B_6	0,3 mg
Lipídio	25 g	Cobre	0,4 mg	Folato	47 mcg
Carboidrato	23 g	Selênio	0 mg	Vitamina B_{12}	0 mcg
Fibras	7 g	Cromo	0,1 mg	Vitamina A	764 Re
Cálcio	46 mg	Iodo	0 mg	Vitamina D	0 UI
Fósforo	124 mg	Vitamina C	89 mg	Vitamina E	13 mg
Magnésio	56 mg	Tiamina	0,3 mg	Vitamina K	24 mcg
Ferro	2 mg	Riboflavina	0,3 mg	Biotina	0 mcg
Sódio	46 mg	Niacina	3 mg	Colesterol	0 mg

Molho de tomate com alho e manjericão

O tomate é um ingrediente básico de muitos pratos. Este é um molho de tomate que fica ótimo com espaguete. Não se assuste com a quantidade de alho, pois como ele não é refogado previamente, seu sabor é suave.

Ingredientes
1 colher de sopa de manjericão fresco
1 xícara de tomate inteiro enlatado italiano
3 colheres de sopa de azeite
3 dentes de alho
sal

Rendimento: 2 porções.
Tempo de preparo: 20 a 30 minutos.

Lave o manjericão, retire as folhas e seque-as. Pique o tomate grosseiramente. Descasque o alho e corte-o em rodelas finas. Coloque os tomates, o alho, o sal e o azeite em uma panela. Leve ao fogo médio por uns 20 minutos. Assim que o óleo se separar do tomate, o molho está pronto. Retire do fogo e junte as folhas de manjericão picadas.

Dica: não tampe a panela do molho, pois o tomate pode perder o sabor.
Curiosidade: os ingleses, muito desconfiados, só incorporaram o tomate na cozinha no século XX.

Energia	254 kcal	Potássio	347 mg	Ác. pantotênico	0,4 mg
Proteína	2 g	Zinco	0,3 mg	Vitamina B_6	0,2 mg
Lipídio	24 g	Cobre	0,1 mg	Folato	14 mcg
Carboidrato	9 g	Selênio	0 mg	Vitamina B_{12}	0 mcg
Fibras	2 g	Cromo	0 mg	Vitamina A	169 Re
Cálcio	27 mg	Iodo	0 mg	Vitamina D	0 UI
Fósforo	49 mg	Vitamina C	29 mg	Vitamina E	4 mg
Magnésio	19 mg	Tiamina	0,1 mg	Vitamina K	7 mcg
Ferro	1 mg	Riboflavina	0,1 mg	Biotina	0 mcg
Sódio	13 mg	Niacina	1 mg	Colesterol	0 mg

Molho vinagrete

É o molho que acompanha a maioria das saladas. A proporção de azeite para vinagre é de três para um. Mas aqui está menor para diminuir a quantidade de gordura.

Ingredientes
1 dente de alho amassado
1 pitada de sal
pimenta-do-reino moída na hora
1 colher de sopa de vinagre balsâmico
1 colher de sopa de vinagre de vinho
1 colher de sopa de suco de limão
3 colheres de sopa de azeite
1 colher de chá de mostarda

Rendimento: para temperar 3 porções de salada.
Tempo de preparo: 5 minutos.

Numa tigela coloque o alho, o sal, a pimenta, a mostarda, o limão e os vinagres. Com um garfo, misture bem. A seguir, acrescente o azeite e com o garfo bata essa mistura.

Dica: faça a vinagrete quando iniciar o preparo da refeição. Dessa forma, os aromas se misturam melhor. Há vários tipos de vinagre no mercado. Experimente-os.

Energia	224 kcal	Potássio	33 mg	Ác. pantotênico	0 mg
Proteína	0,3 g	Zinco	0,1 mg	Vitamina B_6	0 mg
Lipídio	24 g	Cobre	0 mg	Folato	2 mcg
Carboidrato	3 g	Selênio	0 mg	Vitamina B_{12}	0 mcg
Fibras	0 g	Cromo	0 mg	Vitamina A	0,2 Re
Cálcio	8 mg	Iodo	0 mg	Vitamina D	0 UI
Fósforo	7 mg	Vitamina C	6 mg	Vitamina E	3 mg
Magnésio	1 mg	Tiamina	0 mg	Vitamina K	0 mcg
Ferro	0,2 mg	Riboflavina	0 mg	Biotina	0 mcg
Sódio	26 mg	Niacina	0 mg	Colesterol	0 mg

Molho vinagrete com hortelã

A hortelã é um tempero básico conhecido desde os tempos bíblicos, e apreciado por diferentes povos. Os romanos utilizavam este tempero nos crustáceos. No Oriente Médio, a hortelã é utilizada para temperar carne de carneiro e muitos outros pratos como o tabule.

No Brasil, a hortelã-pimenta é a mais usada. Ela dá um frescor aos alimentos. Compre-a fresca, lave-a bem e seque-a.

Ingredientes
4 colheres de sopa de azeite
2 colheres de sopa de limão
1 colher de sobremesa de hortelã fresca picada
2 cebolinhas picadas
1 colher de café de mel
sal e pimenta

Rendimento: para temperar 2 ou 3 porções de salada.
Tempo de preparo: 5 minutos.

Em uma tigela, misture bem todos os ingredientes.

Dica: a hortelã lavada e seca e guardada em um recipiente bem fechado conserva-se por até 1 semana na geladeira.

Energia	303 kcal	Potássio	47 mg	Ác. pantotênico	0 mg
Proteína	0,3 g	Zinco	0,1 mg	Vitamina B_6	0 mg
Lipídio	32 g	Cobre	0 mg	Folato	4 mcg
Carboidrato	6 g	Selênio	0 mg	Vitamina B_{12}	0 mcg
Fibras	0,1 g	Cromo	0 mg	Vitamina A	39 Re
Cálcio	7 mg	Iodo	0 mg	Vitamina D	0 UI
Fósforo	5 mg	Vitamina C	16 mg	Vitamina E	4 mg
Magnésio	5 mg	Tiamina	0 mg	Vitamina K	0 mcg
Ferro	0,2 mg	Riboflavina	0 mg	Biotina	0 mcg
Sódio	0,8 mg	Niacina	0,1 mg	Colesterol	0 mg

> Nos últimos anos **ficou comprovado** que quanto maior o número de alimentações se fizer, melhor. **Quando ficamos muito tempo em jejum**, não estamos recebendo energia, e **o organismo percebe** e gradativamente ele vai inibindo o metabolismo.
> Dr. Paulo Zogaib

Molho vinagrete com laranja

No início, as laranjas eram muito amargas e eram consideradas frutos medicinais. Foram os portugueses que levaram a laranja doce para a Europa. Depois de muitos experimentos, cruzamentos e seleções, os agricultores obtiveram diferentes espécies de laranja. É um fruto disponível o ano inteiro, mas principalmente nos meses de inverno.

Ingredientes:
1 colher de sopa de salsa
suco de 1 laranja-pera
1 colher de sopa de vinagre
1 colher de chá de mostarda Dijon
sal
pimenta-do-reino moída na hora
3 colheres de sopa de azeite

Rendimento: para temperar 4 a 6 porções de salada.
Tempo de preparo: 5 minutos.

Coloque no liquidificador todos os ingredientes, menos o azeite. Bata por uns 2 minutos. Acrescente o azeite e bata mais 1 minuto.

Curiosidade: fruto raro, no início só era consumido pela aristocracia europeia. Foi só a partir de meados do século XX que seu consumo se popularizou.

Energia	289 kcal	Potássio	325 mg	Ác. pantotênico	0,4 mg
Proteína	2 g	Zinco	0,2 mg	Vitamina B_6	0,1 mg
Lipídio	24 g	Cobre	0,1 mg	Folato	48 mcg
Carboidrato	19 g	Selênio	0 mg	Vitamina B_{12}	0 mcg
Fibras	3 g	Cromo	0 mg	Vitamina A	62 Re
Cálcio	81 mg	Iodo	0 mg	Vitamina D	0 UI
Fósforo	27 mg	Vitamina C	81 mg	Vitamina E	3 mg
Magnésio	18 mg	Tiamina	0,1 mg	Vitamina K	0 mcg
Ferro	1,5 mg	Riboflavina	0,1 mg	Biotina	0 mcg
Sódio	31 mg	Niacina	0,5 mg	Colesterol	0 mg

Moti

Moti é um bolinho preparado com massa de arroz. É comercializado nos mercados ou mercearias de produtos japoneses e, às vezes, também nas feiras livres. É um bolinho que é puro carboidrato. Em geral, é vendido em pacotes com 12 unidades. Como as massas, os pães e o arroz, ele tem um sabor neutro e assim você pode temperá-lo como quiser.

Ingredientes
2 bolinhos de moti
1 colher de sopa de *shoyu*
1 colher de café de açúcar
1 colher de chá de óleo

Rendimento: para dois bolinhos de moti.
Tempo de preparo: 10 minutos.

Em uma frigideira antiaderente coloque o óleo. Aqueça levemente e a seguir coloque os dois bolinhos de moti. Enquanto isso, numa pequena tigela misture o *shoyu* com o açúcar. Assim que formar uma ligeira crosta na parte do moti que está em contato com a frigideira, vire-o e deixe fritar por mais alguns minutos. A seguir, transfira-o para um prato e regue-o com o *shoyu*.

Dica: gosto de comer o moti assim, mas tenho amigos que comem como se fosse pão, com um pouco de queijo e até com manteiga e geleia.

Energia	242 kcal	Potássio	17 mg	Ác. pantotênico	0 mg
Proteína	1,5 g	Zinco	0 mg	Vitamina B_6	0 mg
Lipídio	3 g	Cobre	0 mg	Folato	0 mcg
Carboidrato	52 g	Selênio	20 mg	Vitamina B_{12}	0 mcg
Fibras	0,3 g	Cromo	0 mg	Vitamina A	0 Re
Cálcio	6 mg	Iodo	0 mg	Vitamina D	0 UI
Fósforo	17 mg	Vitamina C	0 mg	Vitamina E	3 mg
Magnésio	0 mg	Tiamina	0,1 mg	Vitamina K	12 mcg
Ferro	0,5 mg	Riboflavina	0 mg	Biotina	0 mcg
Sódio	312 mg	Niacina	0,6 mg	Colesterol	0 mg

Nhoque de sêmola

A sêmola é derivada do trigo duro. O trigo duro, embora originário do norte da África, é muito cultivado pelos italianos. Depois de limpos, os grãos de trigo duro são moídos. São utilizados de diferentes formas na cozinha, dependendo da grossura dele. A sêmola mais grossa serve para preparar a polenta e o nhoque. A média é geralmente usada em sobremesas e a fina em mingaus. Nhoque de sêmola é o único tipo de nhoque que gosto. É muito saboroso, delicado e, em minha opinião, é mais fácil de preparar do que o de batata.

Ingredientes
½ ℓ de leite
150 g de sêmola
1 ovo
sal
½ colher de chá de noz-moscada ralada na hora
60 g de queijo ralado
20 g de manteiga

Rendimento: 2 porções.
Tempo de preparo: 50 minutos.

Coloque o leite para ferver numa panela com uma pitada de sal. Assim que começar a ferver, junte a sêmola e mexa bem para não empelotar. Cozinhe até engrossar. Retire do fogo e junte a manteiga, metade do queijo ralado e os ovos e a noz-moscada. Mexa bem. A seguir, coloque numa forma de pirex untada. Polvilhe com o restante do queijo. Com uma faca corte em quadrados ou losangos. Leve ao forno aquecido por uns 30 minutos.

Energia	1135 kcal	Potássio	955 mg	Ác. pantotênico	2 mg
Proteína	61 g	Zinco	3 mg	Vitamina B_6	0,3 mg
Lipídio	39 g	Cobre	0 mg	Folato	59 mcg
Carboidrato	132 g	Selênio	3 mg	Vitamina B_{12}	3 mcg
Fibras	0 g	Cromo	0 mg	Vitamina A	383 Re
Cálcio	1.401 mg	Iodo	0 mg	Vitamina D	6 UI
Fósforo	1.039 mg	Vitamina C	5 mg	Vitamina E	0,8 mg
Magnésio	63 mg	Tiamina	0,3 mg	Vitamina K	0 mcg
Ferro	2 mg	Riboflavina	1 mg	Biotina	0 mcg
Sódio	1.346 mg	Niacina	0,7 mg	Colesterol	370 mg

Omelete com ervas

Se você não tem problemas de saúde que restringem o seu consumo de ovos, este é um prato para uma refeição leve, mas que alimenta. Para preparar uma boa omelete há alguns segredos. A frigideira para fritá-la deve estar quente e perfeitamente untada. Nunca acrescente leite à omelete, mas água. Os ovos devem estar na temperatura ambiente. As melhores frigideiras para omelete são as antiaderentes e de fundo grosso.

Ingredientes
2 ovos
1 colher de sopa de água
sal e pimenta moída na hora
½ colher de chá de manteiga
½ colher de chá de óleo
1 colher de sobremesa de salsinha picada
1 colher de sobremesa de cebolinha picada

Rendimento: 1 porção.
Tempo de preparo: 10 minutos.

Numa tigela coloque os ovos, acrescente a água, o sal, a salsinha, a cebolinha e a pimenta e bata levemente com um garfo até misturar as gemas e as claras. Numa frigideira antiaderente, derreta a manteiga e coloque os ovos batidos. Deixe por uns 10 a 15 segundos, até os ovos começarem a cozinhar no fundo.

A seguir, com a ajuda de uma espátula e inclinando a frigideira, faça com que a parte crua vá mais para as bordas. Cozinhe por mais uns 10 segundos. Repita a operação até os ovos ficarem cozidos embaixo, mas o topo permanecer bem úmido. Para virar uma omelete escorregue metade dela num prato e depois vire a frigideira, de modo que cubra a metade que já está no prato.

Dica: você pode variar as ervas conforme a sua preferência.
Curiosidade: o ovo é formado de três partes: a casca, as claras e a gema. A casca é puro cálcio; ela é dura e resistente à água, mas não ao ar. Se você deixar um ovo perto de algum outro alimento de cheiro forte (por exemplo, cebola), o ovo absorverá alguns destes aromas, que permanecerão nele mesmo depois de cozido. A clara do ovo é proteína suspensa em água (praticamente 90% da clara é água). E a gema é proteína e gordura (35% da gema) com água.

Energia	190 kcal	Potássio	167 mg	Ác. pantotênico	2 mg
Proteína	12 g	Zinco	1 mg	Vitamina B_6	0,1 mg
Lipídio	14 g	Cobre	0 mg	Folato	67 mcg
Carboidrato	2 g	Selênio	6 mg	Vitamina B_{12}	1,5 mcg
Fibras	0,3 g	Cromo	0 mg	Vitamina A	183 Re
Cálcio	70 mg	Iodo	0 mg	Vitamina D	0,7 UI
Fósforo	184 mg	Vitamina C	2 mg	Vitamina E	2 mg
Magnésio	15 mg	Tiamina	0,1 mg	Vitamina K	6 mcg
Ferro	3 mg	Riboflavina	0,3 mg	Biotina	0 mcg
Sódio	143 mg	Niacina	0,1 mg	Colesterol	553 mg

* Foto real da receita ao lado

Ovos mexidos

Muitas vezes o sucesso de um prato depende de alguns truques ou segredos. Esse é o caso dos ovos mexidos. O ovo mexido deve ser firme, mas úmido e cremoso. Para obter esse resultado, ele deve ser cozido devagar e em fogo brando. A frigideira ideal para preparar ovos mexidos é uma antiaderente e de fundo grosso.

Ingredientes
2 ovos
2 colheres de sopa de água
1 pitada de pimenta-do-reino
1 colher de sobremesa de salsa e cebolinha picadas
1 colher de chá de manteiga ou margarina
sal

Rendimento: 1 porção.
Tempo de preparo: 10 minutos.

Bata levemente os ovos, a água, a pimenta, a salsa e a cebolinha. Derreta a manteiga em fogo brando. Coloque os ovos batidos. Com uma espátula de madeira, mexa levemente até começarem a engrossar. Tempere com sal. Cozinhe os ovos mexendo sempre, até que fiquem úmidos, mas não escorram na frigideira.

Dica: a salsa e a cebolinha podem ser substituídas por orégano, manjericão ou até queijo ralado. Caso você tenha alguma sobra de batata cozida ou de frango também pode incorporar nessa receita.

Curiosidade: o ovo pode ser usado como "cola de proteína" para manter ingredientes juntos, como no caso de alguns bolinhos antes de serem fritos. Pode ser usado como emulsificante para manter água e óleo juntos, como no caso de uma maionese. E também pode ser usado para engrossar líquidos, transformando-os em molhos consistentes.

Energia	195 kcal	Potássio	151 mg	Ác. pantotênico	2 mg
Proteína	12 g	Zinco	1 mg	Vitamina B_6	0,1 mg
Lipídio	15 g	Cobre	0 mg	Folato	66 mcg
Carboidrato	1 g	Selênio	6 mg	Vitamina B_{12}	1,5 mcg
Fibras	0,2 g	Cromo	0 mg	Vitamina A	171 Re
Cálcio	65 mg	Iodo	0 mg	Vitamina D	1,5 UI
Fósforo	183 mg	Vitamina C	1 mg	Vitamina E	1 mg
Magnésio	14 mg	Tiamina	0,1 mg	Vitamina K	0 mcg
Ferro	3 mg	Riboflavina	0,3 mg	Biotina	0 mcg
Sódio	141 mg	Niacina	0,1 mg	Colesterol	559 mg

* Foto real da receita ao lado

Pasta de ervilha e lentilha

Estudos confirmam que tanto a lentilha quanto a ervilha são alimentos já conhecidos pelo homem do Neolítico. A ervilha cultivada passou a ser consumida seca até meados do século XVI, quando entrou na moda, entre a aristocracia europeia, comer ervilhas novas e frescas. Não sou muito fã de ervilha seca e essa é uma das poucas maneiras que como ervilha. Esta pasta, servida com uma boa salada, iogurte e acompanhada de pão árabe, é um ótimo almoço para um dia de verão.

Ingredientes
4 copos de água
½ copo de ervilha seca
½ copo de lentilha
2 colheres de sopa de azeite
1 cebola média descascada e fatiada
2 dentes de alho picados
1 colher de chá de cominho em pó
1 colher de café de noz-moscada
2 colheres de sopa de coentro fresco
suco de ½ limão
um pedaço de 2 cm de pimenta-malagueta
sal

Rendimento: 4 porções.
Tempo de preparo: 50 minutos.

Em uma panela, cozinhe as lentilhas e ervilhas na água salgada por 30 minutos ou até que fiquem macias. Retire do fogo e escorra, mas reserve a água. Em uma frigideira antiaderente, coloque 2 colheres de azeite e nele frite a cebola até ficar translúcida. A seguir, acrescente o alho e frite por mais 2 minutos. Depois junte o cominho, a noz-moscada e mexa bem. Cozinhe por mais 1 ou 2 minutos. Coloque ½ concha da água do cozimento e, a seguir, o restante dos ingredientes num liquidificador e bata até obter uma pasta homogênea. Caso necessário, acrescente mais água do cozimento.

Dica: não jogue fora a água do cozimento. Ela poderá servir para o preparo de uma sopa. Deixe a pasta esfriar completamente e só depois de fria verifique o tempero e acerte o tempero, se necessário.

Curiosidade: só 5% das ervilhas cultivadas são comercializadas frescas. Os 95% restantes são depois enlatados ou congelados.

Energia	653 kcal	Potássio	1.011 mg	Ác. pantotênico	2 mg
Proteína	34 g	Zinco	2 mg	Vitamina B$_6$	0,4 mg
Lipídio	31 g	Cobre	0,1 mg	Folato	87 mcg
Carboidrato	63 g	Selênio	6 mg	Vitamina B$_{12}$	1,5 mcg
Fibras	12 g	Cromo	0 mg	Vitamina A	184 Re
Cálcio	175 mg	Iodo	0 mg	Vitamina D	0,7 UI
Fósforo	532 mg	Vitamina C	27 mg	Vitamina E	8 mg
Magnésio	27 mg	Tiamina	0,3 mg	Vitamina K	6 mcg
Ferro	9 mg	Riboflavina	0,5 mg	Biotina	0 mcg
Sódio	180 mg	Niacina	2 mg	Colesterol	553 mg

Peixe com espinafre ao forno

Peixes e frutos do mar são uma excelente fonte de proteínas, vitaminas e minerias. É recomendável que você aprenda a preparar peixes e frutos do mar. Como regra geral, lembre-se que um filé de peixe não é uma costeleta de porco. Assim, cozinha muito mais rápido do que a carne de boi ou porco e fica totalmente seco e com sabor desagradável se cozinhar por muito tempo. Muitas pessoas não gostam de limpar o peixe. Então encontre uma boa peixaria que faça isso por você.

Para preparar esse prato pode-se usar espinafre congelado ou fresco. Costumo utilizar espinafre congelado. Esse prato é muito saboroso servido frio, mas também fica muito bom servido quente com uma salada de tomate com manjericão.

Ingredientes
400 g de filé de peixe
400 g de espinafre congelado já picado ou um maço de espinafre fresco lavado e limpo
1 colher de sopa de cebola desidratada
1 colher de sobremesa de alecrim seco
4 colheres de sopa de farinha de rosca
1 ovo
sal
óleo para untar forma

Rendimento: 4 porções.
Tempo de preparo: 50 minutos.

Coloque o espinafre em uma panela e leve ao fogo. Enquanto isso, corte os filés em pedaços e coloque no processador ou no liquidificador (se for no liquidificador, triture pouco a pouco). Retire o espinafre da panela e coloque numa peneira. Com uma colher aperte bem para retirar todo o excesso de água. A seguir, misture com o peixe triturado, acrescente a cebola, a farinha de rosca, o ovo, o sal e o alecrim. Ponha numa forma untada e polvilhada com farinha de rosca e leve ao forno para assar por aproximadamente 20 a 30 minutos.

Dica: fica ótimo servido quente acompanhado por um molho de tomate. Se quiser ponha mais um tempero de sua preferência na mistura do espinafre com peixe. Não faltam opções: alecrim, tomilho, ervas finas etc.

Energia	876 kcal	Potássio	3.659 mg	Ác. pantotênico	1 mg
Proteína	90 g	Zinco	3 mg	Vitamina B_6	1 mg
Lipídio	34 g	Cobre	0,5 mg	Folato	812 mcg
Carboidrato	53 g	Selênio	3 mg	Vitamina B_{12}	0,8 mcg
Fibras	11 g	Cromo	0 mg	Vitamina A	2.766 Re
Cálcio	582 mg	Iodo	0 mg	Vitamina D	0 UI
Fósforo	1.334 mg	Vitamina C	113 mg	Vitamina E	3 mg
Magnésio	323 mg	Tiamina	1 mg	Vitamina K	10 mcg
Ferro	16 mg	Riboflavina	1 mg	Biotina	0 mcg
Sódio	1.069 mg	Niacina	16 mg	Colesterol	496 mg

Picadinho

Consuma a carne moída no mesmo dia em que for comprada. Não compre a carne moída exposta no açougue. Escolha um pedaço e peça para moer na hora. Também é preciso cuidado ao temperá-la porque a carne moída absorve muito facilmente os temperos. Para preparar esse picadinho utilize patinho ou coxão mole.

Ingredientes
400 g de carne moída
1 cebola média picada
2 dentes de alho esmagados
3 tomates picados
1 folha de louro
1 colher de chá de tomilho
1 colher de sopa de óleo
sal
pimenta-do-reino
2 colheres de sopa de salsinha picada
6 azeitonas verdes sem caroço e picadas

Rendimento: 3 porções.
Tempo de preparo: 35 minutos.

Coloque o óleo para aquecer em uma panela. Refogue a cebola por 2 a 3 minutos, a seguir acrescente o alho e refogue por mais 1 ou 2 minutos. Junte os tomates. Depois coloque a carne moída e tempere com o louro, o sal, a pimenta, o tomilho. Tampe a panela e deixe cozinhar em fogo brando por uns 20 minutos. Se necessário, coloque um pouco de água ou de caldo de carne para evitar que grude no fundo da panela. Apague o fogo e junte a salsinha picada.

Curiosidade: a azeitona é fruto da oliveira. O principal produto obtido da azeitona é o azeite. A azeitona geralmente é servida como aperitivo, mas também serve para dar um sabor diferente a alguns pratos. A azeitona preta tem um sabor mais acentuado que a verde.

Energia	1164 kcal	Potássio	1.984 mg	Ác. pantotênico	0,8 mg
Proteína	127 g	Zinco	35 mg	Vitamina B_6	0,4 mg
Lipídio	61 g	Cobre	0,3 mg	Folato	87 mcg
Carboidrato	23 g	Selênio	0 mg	Vitamina B_{12}	13 mcg
Fibras	7 g	Cromo	0,1 mg	Vitamina A	366 Re
Cálcio	196 mg	Iodo	0 mg	Vitamina D	0 UI
Fósforo	725 mg	Vitamina C	63 mg	Vitamina E	31 mg
Magnésio	147 mg	Tiamina	0,2 mg	Vitamina K	152 mcg
Ferro	19 mg	Riboflavina	2 mg	Biotina	0 mcg
Sódio	5.145 mg	Niacina	20 mg	Colesterol	402 mg

* Foto real da receita ao lado

Pimentões marinados

O pimentão, originário da América Central, foi levado para a Europa no século XVI. Há pimentões de várias cores: vermelhos, verdes, amarelos. Os vermelhos são duas vezes mais ricos em vitamina C que os verdes. São também mais adocicados. Ao comprar pimentões, escolha os de pele brilhante e sem marcas.

Ingredientes
2 pimentões vermelhos
1 pimentão amarelo
1 pimentão verde
2 dentes de alho esmagados
3 colheres de sopa de azeite
1 colher de sopa de limão
1 colher de sopa de vinagre balsâmico
sal
pimenta

Rendimento: 2 porções.
Tempo de preparo: 30 minutos (mais 2 ou 3 horas).

Lave e seque os pimentões. Acenda o fogo e coloque os pimentões diretamente sobre as chamas. Asse-os assim, virando-os até que fiquem com toda a pele queimada. Embrulhe-os em um pano de prato, ou em papel e deixe-os descansar por uns 10 minutos. A seguir, retire a pele queimada e corte os pimentões no sentido longitudinal. Coloque-os em uma travessa. Em uma pequena tigela misture o alho esmagado, o azeite, o limão, o vinagre, o sal e a pimenta. Regue os pimentões com esse molho. Deixe marinar por 2 ou 3 horas.

Dica: você pode colocar os pimentões em um vasilhame, regar com o molho e guardar na geladeira. Ele se conserva por umas duas semanas. Você pode usar o pimentão assim preparado em saladas, sanduíches e outros pratos.

Curiosidade: foi na Hungria que um pesquisador descobriu e extraiu a vitamina C do pimentão. Deu a essa vitamina o nome de ascórbico porque *previne o escorbuto*.

Energia	299 kcal	Potássio	621 mg	Ác. pantotênico	0,2 mg
Proteína	3 g	Zinco	0,1 mg	Vitamina B_6	0,6 mg
Lipídio	25 g	Cobre	0 mg	Folato	52 mcg
Carboidrato	20 g	Selênio	0 mg	Vitamina B_{12}	0 mcg
Fibras	5 g	Cromo	0 mg	Vitamina A	0,3 Re
Cálcio	28 mg	Iodo	0 mg	Vitamina D	0 UI
Fósforo	74 mg	Vitamina C	388 mg	Vitamina E	3 mg
Magnésio	2 mg	Tiamina	0,3 mg	Vitamina K	0 mcg
Ferro	4 mg	Riboflavina	0,2 mg	Biotina	0 mcg
Sódio	9 mg	Niacina	1,7 mg	Colesterol	0 mg

* Foto real da receita ao lado

Plaki

Plaki é um prato de origem grega e há inúmeras formas de preparo. É feito com peixe em filé. O peixe é uma excelente fonte de proteína animal, ele é menos gorduroso do que a carne. Esta receita é uma ótima opção para aqueles que não apreciam o sabor do peixe, pois por causa da quantidade de temperos, esses gostos se sobressaem ao sabor do peixe.

Ingredientes
1 colher de sopa de azeite
1 colher de sopa de vinho branco seco
1 dente de alho esmagado
3 tomates médios
suco de ½ limão
1 colher de sopa de salsa picada
1 folha de louro
1 colher de chá de orégano
sal
pimenta-branca moída na hora
300 g de filé de badejo

Rendimento: 2 porções.
Tempo de preparo: 40 minutos.

Coloque o azeite e o vinho em uma panela e aqueça. Acrescente a cebola e o alho e cozinhe por uns 5 minutos. Misture com os tomates, o limão, a salsa, a folha de louro, o orégano o sal e a pimenta. Tampe a panela e cozinhe por uns 10 minutos. Acenda o forno. Coloque os filés de badejo num pirex e cubra-os com o molho. Leve ao forno e asse por 20 minutos.

Dica: caso não consiga badejo, compre outro tipo de peixe que possa ser cortado em filé e cuja carne não se desfaça com muita facilidade.

Energia	509 kcal	Potássio	1.621 mg	Ác. pantotênico	0,7 mg
Proteína	53 g	Zinco	0,5 mg	Vitamina B_6	0,2 mg
Lipídio	25 g	Cobre	0,2 mg	Folato	30 mcg
Carboidrato	15 g	Selênio	0 mg	Vitamina B_{12}	0 mcg
Fibras	5 g	Cromo	0,1 mg	Vitamina A	351 Re
Cálcio	124 mg	Iodo	0 mg	Vitamina D	0 UI
Fósforo	805 mg	Vitamina C	55 mg	Vitamina E	2 mg
Magnésio	37 mg	Tiamina	0,4 mg	Vitamina K	13 mcg
Ferro	5 mg	Riboflavina	0,3 mg	Biotina	0,1 mcg
Sódio	257 mg	Niacina	10 mg	Colesterol	165 mg

*Foto real da receita ao lado.

Raita

É uma salada indiana preparada com pepino, iogurte e coentro. O pepino é um legume, muitas vezes, difícil de digerir. Os pepinos mais novos e pequenos são, geralmente, mais fáceis de digerir do que os grandes com muita polpa e sementes graúdas. Para quem abomina o coentro, é aconselhável substituí-lo por salsa ou algumas folhas de manjericão.

Ingredientes
½ iogurte natural desnatado
1 colher de sopa de folhas de coentro lavadas e limpas
2 tomates maduros e médios cortados em pequenos cubos
½ pepino sem casca e cortado em pequenos cubos
sal

Rendimento: 1 porção.
Tempo de preparo: 10 minutos mais 1 hora.

Misture todos os ingredientes e deixe-os marinar por, no mínimo, 1 hora.

Dica: para melhorar a digestibilidade do pepino em vez de cortar em cubos, descasque-o, rale num ralo grosso, salpique com sal e deixe descansar por uns 20 minutos. A seguir, esprema-o com as mãos para retirar o excesso de água.

Curiosidade: o pepino é o menos calórico de todos os legumes frescos. Tem também um índice glicêmico baixo. Por isso, é muito utilizado nos regimes de emagrecimento e também nas dietas dos diabéticos.

Energia	139 kcal	Potássio	958 mg	Ác. pantotênico	1,7 mg
Proteína	9 g	Zinco	2 mg	Vitamina B_6	0,2 mg
Lipídio	3 g	Cobre	0,2 mg	Folato	58 mcg
Carboidrato	22 g	Selênio	0 mg	Vitamina B_{12}	0,7 mcg
Fibras	4 g	Cromo	0,1 mg	Vitamina A	233 Re
Cálcio	268 mg	Iodo	0 mg	Vitamina D	0 UI
Fósforo	254 mg	Vitamina C	42 mg	Vitamina E	1,5 mg
Magnésio	63 mg	Tiamina	0,2 mg	Vitamina K	8 mcg
Ferro	1,5 mg	Riboflavina	0,4 mg	Biotina	0 mcg
Sódio	106 mg	Niacina	2 mg	Colesterol	8 mg

Ratatouille

É um prato que costumo preparar nas férias de verão. Certa vez, estávamos de férias no verão e preparei uma *ratatouille* que deixei esfriar para servir no jantar. Mas no fim do dia, cadê a *ratatouille*? Tinha sumido. O Nic, cada vez que passava pela cozinha, dava uma garfada nela. Uma outra vez foi em Ubatuba, durante as férias de fim de ano. E aconteceu a mesma coisa. Portanto é um prato que deve ser vigiado...

Ingredientes
2 berinjelas
2 abobrinhas
300 g de tomates
1 pimentão vermelho ou amarelo
2 cebolas
2 dentes de alho
3 colheres de sopa de óleo
sal
pimenta
2 folhas de louro
ervas da Provença (opcional)

Rendimento: 4 porções.
Tempo de preparo: 50 minutos.

Descasque e corte a cebola em rodelas. Lave e corte em cubos grandes os tomates, as berinjelas e as abobrinhas. Lave e corte os pimentões em tiras. Numa panela aqueça o óleo. Quando estiver quente, jogue as cebolas, e um minuto depois o alho esmagado e os legumes. Tempere e mexa bem. A seguir, baixe o fogo, tampe a panela e deixe cozinhar por uns 20 minutos.

Dica: é preciso mexer de vez em quando porque a berinjela, às vezes, pega no fundo da panela. Se precisar, acrescente um pouco de caldo de legumes. Eu prefiro a *ratatouille* fria, embora seja mais indigesta.

Energia	496 kcal	Potássio	2.613 mg	Ác. pantotênico	1,6 mg
Proteína	13 g	Zinco	2 mg	Vitamina B_6	1,2 mg
Lipídio	26 g	Cobre	1 mg	Folato	206 mcg
Carboidrato	64 g	Selênio	0 mg	Vitamina B_{12}	0 mcg
Fibras	14 g	Cromo	1 mg	Vitamina A	461 Re
Cálcio	264 mg	Iodo	0 mg	Vitamina D	0 UI
Fósforo	364 mg	Vitamina C	195 mg	Vitamina E	27 mg
Magnésio	156 mg	Tiamina	1 mg	Vitamina K	134 mcg
Ferro	6 mg	Riboflavina	0,4 mg	Biotina	0 mcg
Sódio	55 mg	Niacina	6 mg	Colesterol	0 mg

ROTELLE AO MOLHO DE SALSINHA E NOZES

Esse é um prato de massa fácil e rápido de preparar. Há um óleo de nozes, no mercado, que é ótimo para preparar esse prato, mas também fica bom com azeite. Caso não tenha *rotelle*, escolha outra massa tipo *farfale*. Lembre-se que a massa precisa "nadar" na panela.

Ingredientes
400 g de *rotelle*
100 g de folhas de salsinha
1 limão médio
60 g de parmesão ralado
6 colheres de sopa de azeite
2 dentes de alho picados
1 colher de sopa de avelãs picadas
1 colher de sopa de passas brancas

Rendimento: 4 porções.
Tempo de preparo: 15 minutos.

Em uma panela, coloque água com sal para ferver e nela cozinhe 300 g de *routelle*. Enquanto isso, prepare o molho. Num processador de alimentos, coloque a salsinha lavada e grosseiramente picada, o caldo do limão e o alho. Quando formar uma pasta, retire do processador e acrescente o parmesão, as nozes e as passas. Escorra a massa. Coloque-a de volta na panela, misture com esse molho e sirva imediatamente, acompanhado de queijo parmesão.

Dica: caso não tenha processador, bata no liquidificador e acrescente uma ou duas colheres de sopa da água do cozimento.

Energia	2.912 kcal	Potássio	4.116 mg	Ác. pantotênico	0,3 mg
Proteína	103 g	Zinco	5 mg	Vitamina B_6	1,2 mg
Lipídio	85 g	Cobre	0,1 mg	Folato	195 mcg
Carboidrato	454 g	Selênio	0 mg	Vitamina B_{12}	0 mcg
Fibras	32 g	Cromo	0 mg	Vitamina A	2.336 Re
Cálcio	2.275 mg	Iodo	0 mg	Vitamina D	0 UI
Fósforo	867 mg	Vitamina C	148 mg	Vitamina E	6 mg
Magnésio	298 mg	Tiamina	0,3 mg	Vitamina K	0 mcg
Ferro	100 mg	Riboflavina	1,5 mg	Biotina	0 mcg
Sódio	1.473 mg	Niacina	8 mg	Colesterol	43 mg

Salada de alho-poró

É um legume pouco calórico, de fácil digestão e rico em fibras. Ao comprar alho-poró, prefira os de tamanho médio. Corte um pouco a parte verde. Não descarte a parte verde do alho-poró; use-a para temperar o feijão, por exemplo. Para limpar o alho-poró mais facilmente, dê um talho nele, no sentido longitudinal, até quase o bulbo. A seguir, lave-o na água corrente até toda a sujeira e a terra que se infiltrou nas folhas saírem.

Ingredientes
4 alhos-porós limpos

Rendimento: 2 porções.
Tempo de preparo: 15 minutos.

Cozinhe os alhos-porós no vapor por uns 8 a 10 minutos. Deixe-os esfriar. Quando estiverem mornos, coloque-os numa travessa e sirva acompanhado de um molho vinagrete.

Curiosidade: o alho-poró é um legume conhecido desde os tempos bíblicos. Dizem que o faraó Kheops recompensava seus melhores guerreiros com esse legume. Dizem também que os judeus quando fugiram do Egito lamentaram a perda do alho-poró.

Energia	77 kcal	Potássio	216 mg	Ác. pantotênico	0,2 mg
Proteína	2 g	Zinco	0,2 mg	Vitamina B_6	0,3 mg
Lipídio	0,5 g	Cobre	0,2 mg	Folato	60 mcg
Carboidrato	19 g	Selênio	0 mg	Vitamina B_{12}	0 mcg
Fibras	2 g	Cromo	0 mg	Vitamina A	12 Re
Cálcio	74 mg	Iodo	0 mg	Vitamina D	0 UI
Fósforo	42 mg	Vitamina C	10 mg	Vitamina E	0 mg
Magnésio	35 mg	Tiamina	0,1 mg	Vitamina K	0 mcg
Ferro	3 mg	Riboflavina	0,1 mg	Biotina	0 mcg
Sódio	25 mg	Niacina	0,5 mg	Colesterol	0 mg

Salada de pão italiano

É uma salada fácil de fazer, só que demora para ficar pronta porque tem de deixar o pão amanhecer. É ótimo para um dia de verão.

Ingredientes
1 pão italiano pequeno
2 tomates médios e maduros
1 cebola média em rodelas
1 pepino médio sem casca e sem sementes
½ xícara de salsinha picada
½ xícara de manjericão picado
1 colher de sopa de alcaparras no vinagre

Para o vinagrete:
¼ de copo de azeite
2 colheres de sopa de limão
1 dente de alho amassado
2 colheres de sopa de vinagre balsâmico

Rendimento: 4 porções.
Tempo de preparo: 1 dia, 2 horas, 30 minutos (lendo a receita, você entenderá este tempo maluco!).

Coloque o pão italiano num prato e deixe ressecar. No dia seguinte, corte o pão em pedacinhos de 2 a 3 cm e coloque-os de molho na água fria por 1 minuto. Escorra e esprema bem. Coloque o pão numa vasilha e misture com os tomates cortados em cubinhos, as cebolas, o pepino cortados em quadradinhos, a salsinha, o manjericão e as alcaparras. Prepare o vinagrete misturando todos os ingredientes. Verta o vinagrete na salada, misture tudo e deixe descansar por 2 horas antes de servir.

Dica: caso você não tenha vinagre balsâmico, use vinagre comum misturado com 1 colher de chá de mostarda. Não fique tentado a deixar o pão de molho por mais de 1 minuto.

Energia	1338 kcal	Potássio	1627 mg	Ác. pantotênico	2 mg
Proteína	35 g	Zinco	2 mg	Vitamina B_6	0,5 mg
Lipídio	41 g	Cobre	0,4 mg	Folato	104 mcg
Carboidrato	210 g	Selênio	0,1 mg	Vitamina B_{12}	0 mcg
Fibras	17 g	Cromo	0,3 mg	Vitamina A	375 Re
Cálcio	247 mg	Iodo	0 mg	Vitamina D	0 UI
Fósforo	405 mg	Vitamina C	80 mg	Vitamina E	11 mg
Magnésio	90 mg	Tiamina	0,6 mg	Vitamina K	8 mcg
Ferro	11 mg	Riboflavina	0,4 mg	Biotina	0 mcg
Sódio	1905 mg	Niacina	5 mg	Colesterol	3 mg

Salada com tomate seco e *croutons*

Há vários tipos de alface – uma das minhas favoritas é a romana que, em geral, uso para preparar essa salada. Utilizo também tomates secos desidratados porque eles têm muito menos gordura que os embebidos em óleo. Para hidratá-los basta deixá-los uns 10 minutos em água quente, enxugá-los e, a seguir, temperá-los.

Ingredientes
Para os crutons
2 fatias de pão integral cortadas em quadradinhos
1 dente de alho médio

Para a salada
1 pé de alface romana
60 g de tomates secos cortados em pedaços
2 colheres de sopa de queijo *cottage*
½ xícara de uvas Itália ou Rubi cortadas ao meio

Rendimento: 2 porções.
Tempo de preparo: 20 minutos.

Tempere o pão esfregando o alho. Caso tenha um pequeno forno elétrico, coloque as fatias lá para dourar. Caso não tenha, coloque numa frigideira antiaderente com um pouco de azeite e assim cozinhe-as com cuidado para não queimarem. Coloque os tomates cortados na água fervente para se hidratarem. Enquanto isso, limpe e lave as folhas de alface e seque-as. Lave também as uvas. Em uma saladeira, coloque o alface. Em cima dele espalhe o queijo, os tomates secos e as uvas e os *croutons*.

Tempere com um molho vinagrete e sirva.

Energia	395 kcal	Potássio	1.962 mg	Ác. pantotênico	1 mg
Proteína	18 g	Zinco	2 mg	Vitamina B_6	0,5 mg
Lipídio	14 g	Cobre	1 mg	Folato	366 mcg
Carboidrato	58 g	Selênio	0 mg	Vitamina B_{12}	0,1 mcg
Fibras	12 g	Cromo	0 mg	Vitamina A	704 Re
Cálcio	168 mg	Iodo	0 mg	Vitamina D	0 UI
Fósforo	332 mg	Vitamina C	128 mg	Vitamina E	0,4 mg
Magnésio	115 mg	Tiamina	0,6 mg	Vitamina K	0 mcg
Ferro	6 mg	Riboflavina	0,6 mg	Biotina	1 mcg
Sódio	468 mg	Niacina	5 mg	Colesterol	5 mg

* Foto real da receita ao lado

Salada de batata

Foram os espanhóis e os ingleses que levaram as batatas das Américas para a Europa. No início não foram muito apreciadas, mas a partir do século XVII, tornaram-se um alimento popular que substituiu o pão. Durante muitos séculos, as batatas foram o principal carboidrato consumido pelos europeus. Há inúmeras variedades de batatas. As melhores batatas para essa salada são as de tamanho médio. Geralmente, opto por batatas bem secas.

Ingredientes
6 batatas médias
1 colher de sobremesa de azeite
¼ de copo de vinagre de arroz
⅔ de copo de água
1 cebola roxa picada
1 colher de sopa de mostarda Dijon
sal
pimenta-do-reino moída na hora

Rendimento: 2 porções.
Tempo de preparo: 20 minutos.

Lave as batatas e coloque-as para cozinhar no vapor por uns 20 minutos. Enquanto isso, ponha a água e o vinagre em uma panela e leve ao fogo. Assim que começar a ferver, baixe o fogo e deixe cozinhar por 10 minutos. Corte a cebola em fatias finas. Assim que as batatas estiverem cozidas, retire-as do vapor, deixe-as esfriarem até o ponto que consiga manuseá-las. Descasque-as, coloque-as numa vasilha e verta sobre elas o azeite. Retire o vinagre com a água do fogo, deixe esfriar um pouco, misture com o sal, a pimenta e a mostarda, e regue as batatas com esse molho. Por último, acrescente a cebola.

Curiosidade: a batata é muito rica em potássio e em magnésio. Muitas vezes dizem que a cãibra é por falta de potássio. Caso você não goste de bananas (ricas em potássio), coma batatas.

Energia	667 kcal	Potássio	2.360 mg	Ác. pantotênico	3,5 mg
Proteína	13 g	Zinco	2 mg	Vitamina B_6	2 mg
Lipídio	6 g	Cobre	1 mg	Folato	77 mcg
Carboidrato	144 g	Selênio	0 mg	Vitamina B_{12}	0 mcg
Fibras	8 g	Cromo	0 mg	Vitamina A	0 Re
Cálcio	85 mg	Iodo	0 mg	Vitamina D	0 UI
Fósforo	302 mg	Vitamina C	57 mg	Vitamina E	1 mg
Magnésio	143 mg	Tiamina	1 mg	Vitamina K	0 mcg
Ferro	3 mg	Riboflavina	0,1 mg	Biotina	0 mcg
Sódio	186 mg	Niacina	9 mg	Colesterol	0 mg

* Foto real da receita ao lado

Salada de *bi-fum* com pepino

Bi-fum é um macarrão preparado com arroz. Ele é encontrado nas mercearias ou nos supermercados que vendem produtos japoneses. É fácil e rápido de preparar: basta deixá-lo de molho na água morna por uns 10 minutos ou seguir as instruções do pacote.

Ingredientes
200 g de *bi-fum*
1 pepino japonês grande
3 ou 4 cebolinhas picadas
2 colheres de sopa de *shoyu*
2 colheres de sopa de vinagre de arroz
1 colher de chá de óleo de gergelim tostado

Rendimento: 2 porções.
Tempo de preparo: 20 minutos.

Ferva 300 ml de água e acrescente 700 ml de água fria. Coloque o *bi-fum* em uma tigela grande e deixe-o de molho, nessa água morna e salgada, por uns 4 ou 5 minutos. Escorra o macarrão e deixe-o esfriar. Enquanto isso, corte o pepino o mais fino possível. Prepare o molho com o *shoyu*, o vinagre, o óleo. Acrescente a cebolinha e o pepino e, por último, o macarrão, misturando com cuidado.

Dica: essa é uma salada que fica ainda melhor se preparada com algumas horas de antecedência, para que os sabores se misturem. Se possível, opte pelo molho *shoyu light*, que possui um teor mais baixo de sódio.

Energia	788 kcal	Potássio	623 mg	Ác. pantotênico	1 mg
Proteína	22 g	Zinco	0,1 mg	Vitamina B_6	0,2 mg
Lipídio	3 g	Cobre	0,2 mg	Folato	56 mcg
Carboidrato	172 g	Selênio	0 mg	Vitamina B_{12}	0 mcg
Fibras	323 g	Cromo	0,1 mg	Vitamina A	95 Re
Cálcio	65 mg	Iodo	0 mg	Vitamina D	0 UI
Fósforo	73 mg	Vitamina C	28 mg	Vitamina E	4 mg
Magnésio	50 mg	Tiamina	0,1 mg	Vitamina K	12 mcg
Ferro	1 mg	Riboflavina	0,1 mg	Biotina	0 mcg
Sódio	1.179 mg	Niacina	1 mg	Colesterol	0 mg

Salada de *bi-fum* com frango

De porte pequeno e fáceis de criar, galinhas e frangos foram domesticados há séculos. No início, era comum famílias terem galinheiros. As galinhas eram utilizadas para prover ovos e eram mortas quando ficavam mais velhas e diminuíam a quantidade de ovos que botavam.

Para preparar essa salada, use as sobras de frango. O pepino usado nessa salada é o japonês. Nada contra os demais tipos, mas o japonês é mais digesto.

Ingredientes
120 g de macarrão *bi-fum*
1 xícara de chá de filé de frango já cozido e desfiado
1 pepino japonês
1 cenoura média

Para o molho
3 colheres de sopa de azeite
suco de 1 limão
1 colher de chá de óleo de gergelim tostado
1 colher de chá de canela
1 colher de sobremesa de hortelã fresca picada

Rendimento: 2 porções.
Tempo de preparo: 15 minutos.

Ferva ½ ℓ de água e acrescente 1 ℓ de água fria. Acrescente o sal e mergulhe nela o macarrão, por uns 4 minutos. Escorra o macarrão. Corte o pepino em rodelas finas. Corte a cenoura em tiras. Misture os ingredientes do molho e ponha-o em uma tigela. Acrescente o macarrão, as cenouras e o pepino. Misture bem e sirva.

Dica: caso não tenha sobras de frango, use atum em lata.
Curiosidade: em vinte anos o consumo de frango por habitante aumentou drasticamente, passou de 8 kg para cerca de 20 kg.

Energia	997 kcal	Potássio	1.211 mg	Ác. pantotênico	2 mg
Proteína	62 g	Zinco	3 mg	Vitamina B_6	1 mg
Lipídio	32 g	Cobre	0,3 mg	Folato	75 mcg
Carboidrato	117 g	Selênio	0 mg	Vitamina B_{12}	0,4 mcg
Fibras	197 g	Cromo	0,1 mg	Vitamina A	2.562 Re
Cálcio	102 mg	Iodo	0 mg	Vitamina D	0 UI
Fósforo	379 mg	Vitamina C	36 mg	Vitamina E	7 mg
Magnésio	97 mg	Tiamina	0,3 mg	Vitamina K	12 mcg
Ferro	3 mg	Riboflavina	0,3 mg	Biotina	0 mcg
Sódio	143 mg	Niacina	16 mg	Colesterol	126 mg

Salada de couve-flor com molho de agrião

A couve-flor, que dizem ser originária da China, pertence à família das crucíferas e sua principal qualidade é a de prevenir o câncer. Ao escolher couve-flor, prefira a mais branca, sem manchas. Utilize as folhas da couve-flor em refogados ou no preparo de sopas.

Ingredientes
1 couve-flor pequena
4 ou 5 rabanetes com casca
molho de agrião

Rendimento: 2 porções.
Tempo de preparo: 10 minutos.

Lave a couve-flor e coloque-a para cozinhar no vapor por uns 8 a 10 minutos. Deixe esfriar e arrume em uma saladeira a couve-flor com os rabanetes cortados em rodelas. Tempere com o molho de agrião (veja receita) ou com um molho vinagrete.

Dica: cuidado para não cozinhar demais a couve-flor e evite que fique mole e com gosto desagradável. Não jogue fora as folhas da couve-flor: cortadas finalmente podem ser refogadas ou usadas em sopas.

Energia	230 kcal	Potássio	2.327 mg	Ác. pantotênico	1 mg
Proteína	16 g	Zinco	2 mg	Vitamina B_6	1 mg
Lipídio	6 g	Cobre	0,6 mg	Folato	338 mcg
Carboidrato	35 g	Selênio	3 mg	Vitamina B_{12}	1 mcg
Fibras	14 g	Cromo	0 mg	Vitamina A	71 Re
Cálcio	322 mg	Iodo	0 mg	Vitamina D	0 UI
Fósforo	333 mg	Vitamina C	356 mg	Vitamina E	0,5 mg
Magnésio	88 mg	Tiamina	0,4 mg	Vitamina K	6 mcg
Ferro	3 mg	Riboflavina	0,3 mg	Biotina	0 mcg
Sódio	110 mg	Niacina	3 mg	Colesterol	4 mg

* Foto real da receita ao lado

Salada grega

É uma salada deliciosa para os dias de verão. O queijo feta usado nesta receita já era conhecido pelas tribos nômades, que assim preservavam o leite proveniente de seus rebanhos de cabras ou ovelhas. Na Odisseia, Homero descreve detalhadamente o processo de feitura desse queijo. Até hoje, esse processo pouco mudou. O queijo feta pode ser preparado com leite de vaca, cabra ou ovelha, ou mesmo com uma combinação desses leites. Os tomates ficam mais saborosos se estiverem na temperatura ambiente.

Ingredientes
3 tomates médios
1 cebola roxa pequena
½ queijo feta
6 azeitonas pretas

Rendimento: 2 porções.
Tempo de preparo: 10 minutos.

Lave os tomates e corte-os em rodelas. Corte a cebola em rodelas finas. Em uma tigela coloque os tomates, as cebolas, o queijo cortado em cubos pequenos e as azeitonas sem caroço. Tempere com a vinagrete com hortelã.

Dica: caso tenha dificuldade de encontrar queijo feta, substitua-o pelo *chanclish*, encontrado facilmente nas mercearias que vendem produtos árabes. Ou ainda, pode substituí-lo por coalhada seca. Você também pode substituir o tomate médio por tomates cereja. Acompanhada de pão árabe é uma ótima refeição, leve para os dias de verão.

Energia	540 kcal	Potássio	918 mg	Ác. pantotênico	1 mg
Proteína	31 g	Zinco	3 mg	Vitamina B_6	0,3 mg
Lipídio	37 g	Cobre	0,2 mg	Folato	68 mcg
Carboidrato	24 g	Selênio	0 mg	Vitamina B_{12}	1 mcg
Fibras	5,5 g	Cromo	0,1 mg	Vitamina A	640 Re
Cálcio	570 mg	Iodo	0 mg	Vitamina D	0 UI
Fósforo	478 mg	Vitamina C	52 mg	Vitamina E	1,5 mg
Magnésio	64 mg	Tiamina	0,2 mg	Vitamina K	13 mcg
Ferro	3 mg	Riboflavina	0,6 mg	Biotina	0 mcg
Sódio	368 mg	Niacina	2 mg	Colesterol	126 mg

Salada de lula

A lula é um molusco sem concha. Como todos os frutos do mar, ela é rica em proteína, pobre em gorduras, mas com um elevado teor de colesterol. Ela é muito apreciada no Mediterrâneo e pelos espanhóis, que costumam prepará-la grelhada e temperada apenas com azeite e limão. Caso você tenha uma peixaria de confiança, peça que limpem e cortem a lula para você.

Ingredientes
250 g de lulas frescas e limpas
2 colheres de sopa azeite
4 cebolinhas picadas
3 colheres de sopa de vinho branco seco
1 dente de alho médio esmagado
sal e pimenta
suco de 1 limão
2 colheres de sopa de salsinha picada

Rendimento: 2 porções.
Tempo de preparo: 30 minutos.

Corte o corpo da lula em anéis de tamanho médio. Em uma panela não aderente aqueça 2 colheres de sopa de azeite. Acrescente a cebolinha e frite por 2 ou 3 minutos. Junte a lula e frite por uns 5 minutos. A seguir, incorpore o vinho e o alho. Tampe e cozinhe por uns 5 a 8 minutos. Deixe esfriar na própria panela. Transfira para uma tigela. Finalmente, tempere com o sal, a pimenta, o suco de limão e a salsinha picada.

Dica: a regra com a lula é ou não cozinhá-la por muito tempo ou cozinhá-la por muito tempo – o meio termo não serve porque ela fica "emborrachada".

Curiosidade: tanto a lula como o polvo pertencem à família dos cefalópodos, que em grego significa cabeça e pés. A lula possui um "saco de tinta" que solta um fluido azul, esse serve para repelir predadores ou formar uma nuvem quando ela é atacada.

Energia	426 kcal	Potássio	818 mg	Ác. pantotênico	1 mg
Proteína	40 g	Zinco	4 mg	Vitamina B_6	0,2 mg
Lipídio	20 g	Cobre	5 mg	Folato	21 mcg
Carboidrato	14 g	Selênio	0 mg	Vitamina B_{12}	3 mcg
Fibras	1 g	Cromo	0 mg	Vitamina A	163 Re
Cálcio	138 mg	Iodo	0 mg	Vitamina D	0 UI
Fósforo	579 mg	Vitamina C	35 mg	Vitamina E	2 mg
Magnésio	101 mg	Tiamina	0,1 mg	Vitamina K	0 mcg
Ferro	5 mg	Riboflavina	1 mg	Biotina	0,3 mcg
Sódio	126 mg	Niacina	6 mg	Colesterol	582 mg

Salada de palmito e *kani*

O *kani* foi criado no Japão. É uma massa de proteínas que, num primeiro momento, não tem qualquer sabor. Então a indústria de alimentos adiciona aromas sintéticos a essa massa, para que seja apreciada pelo consumidor. De preço acessível, não requer cozimento e é fácil de preparar.

Ingredientes
½ alface americana lavada
1 vidro pequeno de palmito em conserva
6 rolinhos de *kani*
1 tomate médio
1 cebola roxa pequena

Rendimento: 2 porções.
Tempo de preparo: 15 minutos.

Rasgue as folhas da alface em pedaços médios, desfie o *kani*, corte o tomate em cubinhos, a cebola em tiras finas e o palmito em rodelas. Coloque numa saladeira a alface e por cima espalhe os demais ingredientes. Regue com molho vinagrete.

Energia	173 kcal	Potássio	467 mg	Ác. pantotênico	0,4 mg
Proteína	18 g	Zinco	0,5 mg	Vitamina B_6	0,2 mg
Lipídio	1 g	Cobre	0,1 mg	Folato	87 mcg
Carboidrato	22 g	Selênio	0 mg	Vitamina B_{12}	0 mcg
Fibras	4 g	Cromo	0 mg	Vitamina A	141 Re
Cálcio	135 mg	Iodo	0 mg	Vitamina D	0 UI
Fósforo	146 mg	Vitamina C	25 mg	Vitamina E	0,6 mg
Magnésio	27 mg	Tiamina	0,1 mg	Vitamina K	4 mcg
Ferro	2 mg	Riboflavina	0,1 mg	Biotina	0 mcg
Sódio	19 mg	Niacina	1 mg	Colesterol	5 mg

> "A **alimentação** pode ser utilizada para potencializar o efeito do exercício. Se estamos com os **estoques cheios** vamos conseguir fazer muito mais exercício, e, portanto, **gastar muito mais energia**" Dr. Paulo Zogaib

Salada de rúcula, figos e lascas de parmesão

Os romanos foram os primeiros a cultivar alfaces. As melhores alfaces são as colhidas no jardim, depois as cultivadas organicamente. Ao comprar rúcula ou qualquer outra alface evite comprar as com folhas amareladas ou manchadas.

Rúcula é uma verdura de sabor forte, ardido. Por isso, fica ótima quando usada em saladas; também fica ótima quando misturada com massas.

Ingredientes
2 xícaras de folhas de rúcula limpas
2 figos maduros, mas firmes
30 g de queijo parmesão cortado em lascas

Para o molho
1 colher de sobremesa de vinagre balsâmico
sal
1 colher de sobremesa de azeite
1 colher de chá de suco de limão

Rendimento: 1 porção.
Tempo de preparo: 15 minutos.

Prepare o molho. Em uma saladeira coloque as folhas de rúcula, sobre elas coloque o figo descascado e cortado em fatias médias, a seguir, espalhe as lascas do queijo. Sirva acompanhado pelo molho.

Dica: a rúcula pode ser substituída por agrião.

Energia	264 kcal	Potássio	414 mg	Ác. pantotênico	0,5 mg
Proteína	13 g	Zinco	0,2 mg	Vitamina B_6	0,2 mg
Lipídio	14 g	Cobre	0,1 mg	Folato	3 mcg
Carboidrato	25 g	Selênio	0 mg	Vitamina B_{12}	0 mcg
Fibras	4 g	Cromo	0 mg	Vitamina A	158 Re
Cálcio	456 mg	Iodo	0 mg	Vitamina D	0 UI
Fósforo	257 mg	Vitamina C	16 mg	Vitamina E	1 mg
Magnésio	27 mg	Tiamina	0,1 mg	Vitamina K	17 mcg
Ferro	1 mg	Riboflavina	0,2 mg	Biotina	0 mcg
Sódio	547 mg	Niacina	0,6 mg	Colesterol	22 mg

Salada de quatro cores

O verdadeiro tomate é um fruto-legume do verão, mas pode ser encontrado em mercados e feiras o ano todo. Foram os conquistadores espanhóis que levaram os tomates da América do Sul para a Espanha. Os espanhóis foram os primeiros a usar tomates na culinária. A seguir, vieram os italianos, mas no resto da Europa os tomates eram vistos com suspeita. Hoje, com a cebola e o alho, é um dos ingredientes mais usado na culinária. Ao comprar tomates, escolha os maduros porque depois de colhidos eles não amadurecem.

Ingredientes
2 tomates grandes
12 folhas de rúcula
½ pimentão amarelo
50 g de mussarela de búfala

Rendimento: 2 porções.
Tempo de preparo: 15 minutos.

Lave e limpe as folhas de rúcula. A seguir, seque-as. Lave, seque e corte os tomates em quartos. Lave o pimentão, corte-o em tiras finas descartando as sementes. Corte a mussarela em fatias. Coloque todos esses ingredientes em uma saladeira e tempere com um molho vinagrete.

Dica: a rúcula pode ser substituída pelo agrião. Ao comprar pimentões, escolha os bem lisos e de cores brilhantes.

Energia	193 kcal	Potássio	701 mg	Ác. pantotênico	1 mg
Proteína	12 g	Zinco	1 mg	Vitamina B_6	0,3 mg
Lipídio	11 g	Cobre	0,6 mg	Folato	38 mcg
Carboidrato	13 g	Selênio	0 mg	Vitamina B_{12}	0,1 mcg
Fibras	5 g	Cromo	0,1 mg	Vitamina A	582 Re
Cálcio	132 mg	Iodo	0 mg	Vitamina D	0 UI
Fósforo	213 mg	Vitamina C	105 mg	Vitamina E	1 mg
Magnésio	42 mg	Tiamina	0,2 mg	Vitamina K	31 mcg
Ferro	3 mg	Riboflavina	0,4 mg	Biotina	0 mcg
Sódio	219 mg	Niacina	2 mg	Colesterol	23 mg

Salmão com marsala e zimbro

O salmão comprado nos supermercados no Brasil é um peixe de criadouro e por isso de preço bem acessível. Zimbro é um condimento originário da Europa Central. É utilizado com frequência no preparo de bebidas alcoólicas, chucrute e peixes. Tem sabor levemente apimentado e é vendido em grãos que podem ser utilizados inteiros ou triturados. Marsala é um vinho de origem italiana. Há dois tipos de Marsala: o doce e o seco. Em geral, é mais comum o uso do seco, mas neste caso utilizo o doce.

Ingredientes
2 postas grandes de salmão
1 cebola média picada
1 colher de chá de zimbro
pimenta-do-reino moída na hora
1/2 de copo de Marsala doce
1 colher de sopa de azeite
sal

Rendimento: 2 porções.
Tempo de preparo: 1 hora para deixar marinando mais 15 minutos de cozimento.

Em uma tigela, misture a cebola, o zimbro esmagado, a pimenta, o Marsala e o azeite. Coloque o salmão nesta mistura por, no mínimo, 1 hora, e vire-o de vez em quando. Aqueça uma grelha ou uma frigideira antiaderente. Coloque as postas de salmão e deixe-as grelhar em fogo médio por 5 a 6 minutos. Regue-as com um pouco do molho da marinada. Vire-as e ponha para grelhar do outro lado. Tempere com um pouco de sal no último momento.

Curiosidade: a cor rosa do salmão selvagem é proveniente da quantidade de camarões que ele come, mas os de criadouro têm essa cor porque lhes dão corante para que fiquem rosados.

Energia	875 kcal	Potássio	1.953 mg	Ác. pantotênico	5 mg
Proteína	109 g	Zinco	0,3 mg	Vitamina B_6	3 mg
Lipídio	38 g	Cobre	0 mg	Folato	123 mcg
Carboidrato	8 g	Selênio	0 mg	Vitamina B_{12}	16 mcg
Fibras	2 g	Cromo	0 mg	Vitamina A	192 Re
Cálcio	533 mg	Iodo	0 mg	Vitamina D	0 UI
Fósforo	1.688 mg	Vitamina C	7 mg	Vitamina E	1 mg
Magnésio	105 mg	Tiamina	0,7 mg	Vitamina K	0 mcg
Ferro	5 mg	Riboflavina	0,3 mg	Biotina	0,3 mcg
Sódio	470 mg	Niacina	39 mg	Colesterol	188 mg

Sanduíches

  Os sanduíches podem ser uma importante fonte de carboidratos, proteínas, vitaminas e fibras. Tudo depende do pão escolhido e também do recheio.

  Os pães fornecem o carboidrato. Os mais nutritivos são os integrais, seja de centeio, linhaça, sete grãos. Mas pães do tipo árabe ou italiano também são bons, graças aos baixos teores de gordura e açúcar.

  Em vez de passar manteiga ou maionese no pão, experimente passar mostarda, que é bem menos calórica, sem deixar de ser saborosa. O único limite para os recheios é a imaginação de quem os prepara. Os recheios podem ser feitos com sobras de frangos, de peixe, atum ou sardinha em lata e queijos. Também ficam ótimos com rodelas de tomate, folhas de alface, sobras frias de repolho, pepinos em conserva ou frescos cortados fininhos.

  E para temperar, use ervas: tomilho, manjericão, ervas finas, hortelã, mostarda, *chutney*, *curry*. As receitas a seguir são exemplos para você ter algumas ideias.

"Muitas vezes está faltando combustível, tem atletas de baixo peso, que não se alimentam corretamente, tem treino exaustivo, acabam não tendo rendimento ideal, porque não comem suficientemente. Mas tem algumas pessoas que comem muito e não se cuidam. Os metabolismos são diferentes, por determinações genéticas, alterações hormonais, é multi-fatorial."

Dr. Paulo Zogaib

Sanduíche de coalhada seca com maçã e canela

Ingredientes
2 fatias de pão integral
1 colher de sopa de coalhada seca
½ maçã cortada em rodelas
suco de 1 limão
1 colher de café de canela

Rendimento: 1 porção.
Tempo de preparo: 5 minutos.

Lave a maçã, corte-a em rodelas e esprema 1 limão sobre elas, para que não escureçam. A seguir, misture com os demais ingredientes e espalhe pelo pão.

Dica: a maçã pode ser substituída por uma banana amassada, mas, neste caso, também é necessário espremer limão para evitar que oxide.

Energia	199 kcal	Potássio	281 mg	Ác. pantotênico	0,5 mg
Proteína	6 g	Zinco	1 mg	Vitamina B_6	0,1 mg
Lipídio	4 g	Cobre	0,2 mg	Folato	29 mcg
Carboidrato	38 g	Selênio	0 mg	Vitamina B_{12}	0,1 mcg
Fibras	6 g	Cromo	0 mg	Vitamina A	4 Re
Cálcio	46 mg	Iodo	0 mg	Vitamina D	0 UI
Fósforo	133 mg	Vitamina C	13 mg	Vitamina E	1 mg
Magnésio	51 mg	Tiamina	0,2 mg	Vitamina K	0 mcg
Ferro	1,5 mg	Riboflavina	0,1 mg	Biotina	1 mcg
Sódio	216 mg	Niacina	1,7 mg	Colesterol	0,2 mg

Sanduíche de coalhada seca com rabanete

Geralmente faço esse sanduíche no pão preto com *kumel*.

Ingredientes
2 fatias de pão preto com *kumel*
1 colher de sopa de coalhada seca
pimenta-do-reino
1 ou 2 rabanetes com casca

Renidmento: 1 porção.
Tempo de preparo: 5 minutos.

Espalhe a coalhada sobre o pão e tempere com a pimenta. Cubra com fatias de rabanete cortadas bem fino.

Energia	190 kcal	Potássio	163 mg	Ác. pantotênico	0 mg
Proteína	7 g	Zinco	0,1 mg	Vitamina B_6	0 mg
Lipídio	1 g	Cobre	0 mg	Folato	8 mcg
Carboidrato	39 g	Selênio	1 mg	Vitamina B_{12}	0 mcg
Fibras	1,5 g	Cromo	0 mg	Vitamina A	0,3 Re
Cálcio	19 mg	Iodo	0 mg	Vitamina D	0 UI
Fósforo	67 mg	Vitamina C	7 mg	Vitamina E	0 mg
Magnésio	3 mg	Tiamina	0 mg	Vitamina K	0 mcg
Ferro	1 mg	Riboflavina	0 mg	Biotina	0 mcg
Sódio	450 mg	Niacina	0,1 mg	Colesterol	0,2 mg

Sanduíche de coalhada seca e geleia

Há atualmente no mercado ótimas coalhadas secas. Elas ficam perfeitas misturadas com geleia.

Ingredientes
1 colher de sobremesa de coalhada seca
1 colher de sobremesa de geleia
2 fatias de pão de centeio

Rendimento: 1 porção.
Tempo de preparo: 5 minutos.

Misture a coalhada seca com sua geleia favorita e espalhe em duas fatias de pão de centeio.

Energia	193 kcal	Potássio	118 mg	Ác. pantotênico	0,2 mg
Proteína	6 g	Zinco	0,6 mg	Vitamina B_6	0,1 mg
Lipídio	2 g	Cobre	0,1 mg	Folato	19 mcg
Carboidrato	38 g	Selênio	0 mg	Vitamina B_{12}	0 mcg
Fibras	3 g	Cromo	0 mg	Vitamina A	0 Re
Cálcio	44 mg	Iodo	0 mg	Vitamina D	0 UI
Fósforo	74 mg	Vitamina C	0,4 mg	Vitamina E	0 mg
Magnésio	12 mg	Tiamina	0,2 mg	Vitamina K	0 mcg
Ferro	1,5 mg	Riboflavina	0,2 mg	Biotina	0 mcg
Sódio	380 mg	Niacina	1,7 mg	Colesterol	0,2 mg

> *A vida agitada pode dificultar a alimentação correta e o uso de* **complementos ou suplementos** *podem ser atraentes e algumas vezes até benéficos, mas* **nunca serão substitutos ideais**
> Dr. Paulo Zogaib

Sanduíche de frango e *chutney*

Ingredientes
2 fatias de pão integral
2 colheres de sopa de frango cozido e desfiado
2 colheres de sobremesa de *chutney*
½ pepino pequeno fatiado bem fininho

Rendimento: 1 porção.
Tempo de preparo: 5 minutos.

Espalhe o *chutney* no pão. Sobre ele, espalhe o frango cozido e desfiado com o pepino.

Dica: o pepino pode ser substituído por tiras fininhas de pimentão. E o frango pode ser substituído por atum em lata.

Energia	273 kcal	Potássio	371 mg	Ác. pantotênico	1 mg
Proteína	13 g	Zinco	2 mg	Vitamina B_6	0,2 mg
Lipídio	4 g	Cobre	0,2 mg	Folato	39 mcg
Carboidrato	47 g	Selênio	0 mg	Vitamina B_{12}	0,1 mcg
Fibras	5 g	Cromo	0 mg	Vitamina A	7 Re
Cálcio	57 mg	Iodo	0 mg	Vitamina D	0 UI
Fósforo	190 mg	Vitamina C	5 mg	Vitamina E	1 mg
Magnésio	64 mg	Tiamina	0,2 mg	Vitamina K	0 mcg
Ferro	2 mg	Riboflavina	0,1 mg	Biotina	1 mcg
Sódio	198 mg	Niacina	4 mg	Colesterol	22 mg

> **"**O organismo é sábio, se você fica sem comer, o organismo entende que é preciso guardar e você acaba engordando. E **os suplementos**, sem orientação médica ou de nutricionista, **podem** se tornar grandes vilões, sobrecarregar o rim, o fígado e **causar transtornos graves.**" Erick Bell

Sanduíche de queijo cottage e curry

O queijo *cottage* é bem neutro e fica bem tanto com complementos salgados, como doces.

Ingredientes
2 fatias de pão italiano
2 colheres de sobremesa de queijo *cottage*
1 colher de chá de *curry*
½ cenoura ralada
1 colher de chá de passas brancas

Rendimento: 1 porção.
Tempo de preparo: 5 minutos.

Misture o queijo com o *curry*. Acrescente a cenoura e as passas brancas e espalhe no pão.

Energia	415 kcal	Potássio	264 mg	Ác. Pantotênico	0,1 mg
Proteína	17 g	Zinco	0,1 mg	Vitamina B_6	0,1 mg
Lipídio	2 g	Cobre	0 mg	Folato	6 mcg
Carboidrato	80 g	Selênio	0 mg	Vitamina B_{12}	0 mcg
Fibras	5 g	Cromo	0,1 mg	Vitamina A	1.266 Re
Cálcio	36 mg	Iodo	0 mg	Vitamina D	0 UI
Fósforo	123 mg	Vitamina C	4 mg	Vitamina E	2 mg
Magnésio	8 mg	Tiamina	0,2 mg	Vitamina K	0 mcg
Ferro	1 mg	Riboflavina	0,1 mg	Biotina	0 mcg
Sódio	863 mg	Niacina	1 mg	Colesterol	5 mg

* Foto real da receita ao lado

Sanduíche de queijo, mostarda e tomate seco

Costumo comprar tomates secos desidratados. Deixo-os de molho na água quente por uns 10 minutos; a seguir, seco-os e tempero. Caso compre tomates secos temperados, escorra o excesso de óleo e, se possível, seque-os em papel toalha. Assim ficarão menos gordurosos.

Ingredientes
2 fatias de pão de centeio
1 colher de chá de mostarda Dijon
2 fatias finas de queijo minas
3 tomates secos desidratados e picados
1 colher de café de orégano ou de outra erva de sua preferência

Rendimento: 1 porção.
Tempo de preparo: 8 minutos.

Coloque os tomates em uma tigela e recubra com água fervente. Passe mostarda no pão e espalhe sobre ela as fatias de queijo. Escorra e seque os tomates, coloque no sanduíche e tempere com o orégano.

Energia	249 kcal	Potássio	306 mg	Ác. pantotênico	0,2 mg
Proteína	12 g	Zinco	1 mg	Vitamina B_6	0,1 mg
Lipídio	11 g	Cobre	0,1 mg	Folato	21 mcg
Carboidrato	26 g	Selênio	0 mg	Vitamina B_{12}	0 mcg
Fibras	4 g	Cromo	0 mg	Vitamina A	12 Re
Cálcio	320 mg	Iodo	0 mg	Vitamina D	0 UI
Fósforo	258 mg	Vitamina C	9 mg	Vitamina E	0,1 mg
Magnésio	19 mg	Tiamina	0,2 mg	Vitamina K	0 mcg
Ferro	2 mg	Riboflavina	0,2 mg	Biotina	0 mcg
Sódio	506 mg	Niacina	2 mg	Colesterol	0 mg

Sanduíche de queijo *roquefort*

Ingredientes
60 g de queijo *roquefort*
2 colheres de sopa de leite desnatado
1 xícara de agrião lavado (15 g)
1 pera pequena cortada em fatias médias (50 g)
2 fatias de pão de centeio

Rendimento: 2 porções.
Tempo de preparo: 5 minutos.

Amasse o queijo com o leite e espalhe sobre as fatias de pão. Cubra com o agrião. Por cima, coloque 3 fatias de pera.

Dica: caso não coma imediatamente, pingue limão sobre as fatias de pera para que não escureçam.

Energia	384 kcal	Potássio	417 mg	Ác. pantotênico	1 mg
Proteína	19 g	Zinco	2 mg	Vitamina B_6	0,2 mg
Lipídio	19 g	Cobre	0,1 mg	Folato	48 mcg
Carboidrato	35 g	Selênio	0 mg	Vitamina B_{12}	1 mcg
Fibras	5 g	Cromo	0 mg	Vitamina A	227 Re
Cálcio	417 mg	Iodo	0 mg	Vitamina D	0 UI
Fósforo	350 mg	Vitamina C	9 mg	Vitamina E	0 mg
Magnésio	35 mg	Tiamina	0,3 mg	Vitamina K	8 mcg
Ferro	2 mg	Riboflavina	0,5 mg	Biotina	0 mcg
Sódio	1.207 mg	Niacina	2 mg	Colesterol	46 mg

> **Também** temos gordura boa e ruim. Quanto maior a consistência, pior a gordura. Então, por exemplo, a banha de porco, com consistência grande e pesada, é a pior. A **manteiga é um pouco pior que a margarina**, cuja química ainda não se tem conclusão.
> Dr. Paulo Zogaib

* Foto real da receita ao lado

Sopas

Sopa apimentada de tomate e cenoura

O tomate é originário do México, onde os astecas já o consumiam, mas foram os espanhóis que difundiram o tomate no mundo. Os melhores tomates para preparar saladas e sopas são os que estão bem maduros. Verduras e legumes têm sabor melhor se cultivados organicamente, mas isso é particularmente verdadeiro para a cenoura. Ao comprar cenoura, prefira as orgânicas, mas se não for possível, compre-as bem pequenas e finas e com seu penacho de folhas.

Ingredientes
1 colher de chá de óleo
1 talo de aipo
2 cenouras médias descascadas e raladas
4 cebolinhas picadas
2 tomates grandes cortados em cubos
300 ml de suco de tomate
1 folha de louro
1 colher de sopa de manjericão fresco
2 colheres de chá de tomilho fresco
pimenta-do-reino moída na hora

Para o creme de queijo de cabra
1 colher de sopa de queijo de cabra
2 colheres de sopa de iogurte desnatado
1 colher de chá de vinagre balsâmico

Rendimento: 2 porções.
Tempo de preparo: 20 minutos.

Aqueça o óleo numa panela, acrescente o aipo e a cenoura e refogue-os por uns 4 a 5 minutos. Junte a cebolinha e refogue por mais 1 minuto. Coloque os demais ingredientes, com exceção do manjericão, e mexa. Quando começar a ferver, baixe o fogo, tampe a panela e cozinhe por uns 10 minutos. Junte o manjericão no último minuto do cozimento. Enquanto isso, misture os ingredientes para o creme de queijo de cabra. Reserve. A seguir, apague o fogo, retire a folha de louro da sopa. Transfira a sopa para um liquidificador ou processador de alimentos e bata até ficar um creme. Coloque a sopa em cumbucas e sobre ela coloque o creme de queijo de cabra.

Curiosidade: a cenoura é originária da Holanda. Até a Idade Média, todas as cenouras eram de cor violeta.

Energia	274 kcal	Potássio	1.862 mg	Ác. pantotênico	2 mg
Proteína	12 g	Zinco	2 mg	Vitamina B_6	1 mg
Lipídio	8 g	Cobre	1 mg	Folato	116 mcg
Carboidrato	45 g	Selênio	0 mg	Vitamina B_{12}	0,2 mcg
Fibras	11 g	Cromo	0,1 mg	Vitamina A	5.639 Re
Cálcio	198 mg	Iodo	0 mg	Vitamina D	0 UI
Fósforo	301 mg	Vitamina C	124 mg	Vitamina E	2 mg
Magnésio	103 mg	Tiamina	0,5 mg	Vitamina K	11 mcg
Ferro	4 mg	Riboflavina	0,5 mg	Biotina	0 mcg
Sódio	1.263 mg	Niacina	5 mg	Colesterol	11 mg

* Foto real da receita ao lado

Sopa de batata-doce ao *curry*

Doce e calórica, a batata-doce é um tubérculo rico em ferro, vitamina A e potássio. Ao comprar batata-doce, opte pelas menores e de formato regular. Elas se conservam por uns 10 dias na geladeira. O *curry* é uma mistura de temperos que são triturados e misturados. Há *curries* mais suaves e mais fortes. Escolha o suave, que é menos apimentado.

Ingredientes
200 ml de caldo de verduras
1 colher de sobremesa de óleo
1 cebola pequena cortada em rodelas
3 batatas-doces de tamanho médio
100 ml de leite desnatado
1 colher de chá de *curry*
sal

Rendimento: 2 porções.
Tempo de preparo: 10 minutos.

Refogue a cebola no azeite numa panela. Misture com o *curry*. Acrescente o caldo e as batatas-doces descascadas e cortadas em rodelas. Tampe a panela e cozinhe as batatas por uns 15 minutos ou até ficarem tenras. A seguir, transfira para o liquidificador e bata com o leite. Coloque de novo na panela, acerte os temperos e dê uma aquecida.

Curiosidade: o *curry* é originalmente um tempero indiano e cada família prepara o seu, mas no Brasil o compramos já pronto. Os tailandeses também desenvolveram uma pasta de *curry* que, em geral, é ainda mais apimentada do que o *curry* indiano.

Energia	446 kcal	Potássio	1.428 mg	Ác. pantotênico	3 mg
Proteína	10 g	Zinco	1 mg	Vitamina B_6	1 mg
Lipídio	6 g	Cobre	1 mg	Folato	93 mcg
Carboidrato	91 g	Selênio	0 mg	Vitamina B_{12}	0,4 mcg
Fibras	4 g	Cromo	0 mg	Vitamina A	7393 Re
Cálcio	232 mg	Iodo	0 mg	Vitamina D	0 UI
Fósforo	303 mg	Vitamina C	89 mg	Vitamina E	1 mg
Magnésio	84 mg	Tiamina	0,3 mg	Vitamina K	0 mcg
Ferro	2 mg	Riboflavina	0,6 mg	Biotina	0 mcg
Sódio	86 mg	Niacina	2 mg	Colesterol	2 mg

Sopa de grão-de-bico e caldo de açafrão

Essa sopa se conserva por vários dias e os diferentes sabores se mesclam. Não compre grão-de-bico em lata para preparar essa sopa, porque o resultado fica aquém do esperado. Você pode mudar as verduras indicadas na receita, contanto que conserve os tomates. O verdadeiro açafrão é o estigma da flor do croco e é caríssimo, porque é colhido manualmente. São necessárias 250 flores para se obter meio quilo de estigma. O pó amarelo que vendem como açafrão nada mais é do que um simples corante.

Ingredientes
150 g de grão-de-bico
1 ℓ de água
1 colher de sobremesa de óleo
2 abobrinhas cortada em cubinhos
1 cenoura média cortada em rodelas finas
2 tomates médios bem maduros cortado em cubinhos
1 cebola média fatiada
1 dente de alho cortado em lâminas
½ pimenta dedo-de-moça picada
1 folha de louro
1 pitada generosa de açafrão de boa qualidade
1 colher de sopa de salsinha fresca
1 colher de sobremesa de coentro (opcional)

Rendimento: 4 porções.
Tempo de preparo: 30 minutos.

Deixe o grão-de-bico de molho em água fria por umas seis horas. Depois disso, escorra e coloque-o na panela de pressão com água. Assim que começar a pressão, baixe o fogo e cozinhe por uns 15 minutos. Escorra a água da panela, mas reservando-a. Assim que for possível manusear o grão-de-bico, retire a pele dele.

Numa panela de fundo grosso, aqueça o óleo e refogue nele a cebola. Cuidado para não queimar. Junte os tomates, a cenoura e a abobrinha. Acrescente o caldo, o grão-de-bico, a pimenta, o louro, o alho e o sal e cozinhe em fogo baixo por uns 10 minutos. Por último, acrescente o açafrão e ferva em fogo brando por mais 5 minutos. Na hora de servir, retire a folha de louro e acrescente as ervas.

Dica: em vez de cozinhar o grão-de-bico na água, você pode cozinhá-lo num caldo de verduras.

Curiosidade: originário do Oriente Médio o grão-de-bico também é muito usado na cozinha indiana, onde é moído e assim usado no preparo de bolinhos.

Energia	733 kcal	Potássio	2.736 mg	Ác. pantotênico	1 mg
Proteína	38 g	Zinco	1 mg	Vitamina B_6	0,7 mg
Lipídio	13 g	Cobre	0,4 mg	Folato	110 mcg
Carboidrato	124 g	Selênio	0 mg	Vitamina B_{12}	0 mcg
Fibras	16 g	Cromo	0,1 mg	Vitamina A	2.859 Re
Cálcio	349 mg	Iodo	0 mg	Vitamina D	0 UI
Fósforo	699 mg	Vitamina C	74 mg	Vitamina E	11 mg
Magnésio	106 mg	Tiamina	1 mg	Vitamina K	33 mcg
Ferro	14 mg	Riboflavina	0,5 mg	Biotina	0 mcg
Sódio	101 mg	Niacina	6 mg	Colesterol	0 mg

Sopa de lentilha e tomate

Sopas são ótimas no inverno: aquecem, alimentam e, conforme a consistência, chegam a representar uma refeição completa. Desde a Antiguidade, os egípcios já cultivavam a lentilha. A Índia é a maior produtora e consumidora de lentilhas do mundo. Marrons ou verdes, as lentilhas mantêm a forma depois de cozidas. As partidas são boas em purês ou em ensopados. Para preparar essa sopa, prefira os tomates italianos enlatados.

Ingredientes
1 colher de sobremesa de óleo
1 cebola média fatiada
1 dente de alho esmagado
1 talo de salsão em pedaços
½ lata de tomates (aproximadamente 160 g)
½ copo de lentilhas
400 ml de caldo de legumes
1 colher de sopa de salsa picada
1 folha de louro
sal
pimenta
1 colher de sobremesa de manjericão fresco picado
1 colher de sobremesa de hortelã fresca
1 colher de sopa de limão
iogurte (opcional)

Rendimento: 2 porções.
Tempo de preparo: 50 minutos.

Aqueça o óleo e doure nele a cebola e o alho. Acrescente o salsão, os tomates, as lentilhas, a salsinha e o caldo. Assim que começar a ferver, tampe a panela, abaixe o fogo e cozinhe por uns 30 minutos ou até que as lentilhas estejam macias. Retire a folha de louro e bata no liquidificador ou processador. A sopa deve ficar grossa. Tempere com o sal, a pimenta e o limão.

Na hora de servir, salpique a hortelã e o manjericão. Se desejar, coloque um pouco de iogurte.

Dicas: se quiser, não precisa bater a sopa no processador ou no liquidificador. A lentilha não precisa ficar de molho antes de cozinhar. Embora as lentilhas se conservem por até um ano, elas envelhecem e, conforme o tempo passa, precisam de mais tempo de cozimento.

Energia	439 kcal	Potássio	1.391 mg	Ác. pantotênico	0,6 mg
Proteína	27 g	Zinco	0,5 mg	Vitamina B_6	0,3 mg
Lipídio	6 g	Cobre	0,2 mg	Folato	39 mcg
Carboidrato	75 g	Selênio	0 mg	Vitamina B_{12}	0 mcg
Fibras	16 g	Cromo	0,1 mg	Vitamina A	216 Re
Cálcio	148 mg	Iodo	0 mg	Vitamina D	0 UI
Fósforo	439 mg	Vitamina C	48 mg	Vitamina E	6 mg
Magnésio	35 mg	Tiamina	0,4 mg	Vitamina K	8 mcg
Ferro	9 mg	Riboflavina	0,3 mg	Biotina	0 mcg
Sódio	91 mg	Niacina	3 mg	Colesterol	0 mg

Sopa rápida de iogurte

É uma sopa muito fácil de ser preparada e é um ótimo alimento nos dias de calor. O iogurte é um leite fermentado. É conhecido desde os tempos bíblicos, mas foi um colaborador de Pasteur quem divulgou o iogurte no começo do século XX. No início, o iogurte era vendido em farmácias e só mais tarde passou a ser vendido em supermercados.

Ingredientes
300 ml de iogurte natural desnatado
150 ml de suco de tomate gelado
1 colher de sopa de salsinha
1 colher de sopa de cebolinha
1 colher de sopa de hortelã
1 colher de café de orégano (opcional)
sal
pimenta-do-reino moída na hora
1 pepino pequeno cortado em cubinhos

Rendimento: 2 porções.
Tempo de preparo: 10 minutos.

Coloque o iogurte, o suco de tomate e os temperos no liquidificador. Bata bem até as ervas ficarem picadas e bem misturadas. Transfira para duas tigelas. A seguir, espalhe o pepino sobre a sopa.

Dica: se quiser, coloque um fio de azeite no final. Fica ótima acompanhada com torradas de gergelim.

Curiosidade: a palavra iogurte é de origem turca. O iogurte é provavelmente um alimento proveniente da Ásia, mas chegou ao Ocidente depois de passar pela Turquia e pelos Bálcãs.

Energia	259 kcal	Potássio	1.535 mg	Ác. pantotênico	3 mg
Proteína	19 g	Zinco	4 mg	Vitamina B_6	0,5 mg
Lipídio	5 g	Cobre	0,3 mg	Folato	108 mcg
Carboidrato	37 g	Selênio	0 mg	Vitamina B_{12}	2 mcg
Fibras	3 g	Cromo	0,1 mg	Vitamina A	196 Re
Cálcio	625 mg	Iodo	0 mg	Vitamina D	0 UI
Fósforo	516 mg	Vitamina C	48 mg	Vitamina E	1 mg
Magnésio	107 mg	Tiamina	0,3 mg	Vitamina K	0 mcg
Ferro	3 mg	Riboflavina	1 mg	Biotina	0 mcg
Sódio	764 mg	Niacina	2 mg	Colesterol	18 mg

Tomate com gorgonzola

Escolha tomates grandes e maduros para preparar esse prato. Lembre-se que os tomates depois de colhidos não amadurecem. O gorgonzola é um queijo originário da Itália. É feito com leite de vaca integral e curado durante muitos meses em temperatura fresca. De consistência cremosa é um queijo muito calórico, gorduroso e com alto teor de sal. Portanto deve ser consumido com parcimônia.

Ingredientes
2 tomates grandes
30 g de queijo gorgonzola
1 ovo duro
1 talo pequeno de salsão
3 colheres de sopa de iogurte natural desnatado
pimenta-do-reino
sal

Rendimento: 2 porções.
Tempo de preparo: 15 minutos.

Corte o alto dos tomates e retire a polpa. Salpique o interior do tomate com sal e coloque-os de ponta-cabeça sobre uma tábua. Enquanto isso, corte bem fininho o talo de salsão. Usando um garfo amasse o ovo duro e o queijo. Misture o ovo com o salsão, o queijo, o iogurte, a pimenta e coloque na geladeira. Na hora de servir, recheie os tomates com essa mistura.

Curiosidade: a palavra *ketchup* é de origem chinesa e significa molho fermentado de peixe. A palavra foi importada (bem como o produto) pelos navegadores e mercadores holandeses. O molho mudou bem mais que a palavra, pois atualmente a palavra *ketchup* significa molho de tomate industrializado. Esse molho de tomate foi criado em meados do século XIX pelos americanos. O *ketchup* pode ser considerado o típico tempero americano.

Energia	271 kcal	Potássio	857 mg	Ác. pantotênico	2 mg
Proteína	18 g	Zinco	2 mg	Vitamina B_6	0,3 mg
Lipídio	16 g	Cobre	0,2 mg	Folato	67 mcg
Carboidrato	17 g	Selênio	3 mg	Vitamina B_{12}	1 mcg
Fibras	4 g	Cromo	0 mg	Vitamina A	431 Re
Cálcio	318 mg	Iodo	0 mg	Vitamina D	0 UI
Fósforo	351 mg	Vitamina C	44 mg	Vitamina E	1 mg
Magnésio	53 mg	Tiamina	0,2 mg	Vitamina K	11 mcg
Ferro	2 mg	Riboflavina	0,5 mg	Biotina	0 mcg
Sódio	573 mg	Niacina	2 mg	Colesterol	300 mg

Torta de cebola, maçã e queijo

Essa torta e uma salada de folhas verdes são suficientes para uma refeição completa. Originárias do Mediterrâneo, as cebolas se adaptam a diferentes climas. Cebolas cultivadas em países de clima quente têm um sabor mais suave. O tamanho das cebolas também influi no sabor. Quanto maior a cebola mais suave seu sabor. A cor também é um indicativo do sabor. Cebolas de cor branca têm sabor mais suave do que as de cor amarela.

Ingredientes
massa para torta (ver receita p. 143)
3 colheres de sobremesa de óleo
5 cebolas bem grandes
sal
2 maçãs verdes e grandes
120 g de queijo tipo *roquefort* esfarelado

Rendimento: 4 porções.
Tempo de preparo: 1 hora.

Acenda o forno. Abra a massa e coloque-a em uma assadeira ou forma refratária untada e polvilhada. A seguir, descasque e fatie as cebolas. Em uma panela antiaderente, coloque 2 colheres de óleo. Refogue as cebolas nessa panela por uns 15 minutos ou até as cebolas ficarem douradas. Tempere com sal. Enquanto isso, descasque as maçãs e corte-as em fatias ou em cubos pequenos. Retire as cebolas, coloque-as em uma vasilha e deixe-as esfriar. Ponha 1 colher de óleo na panela e refogue as maçãs por 3 ou 4 minutos. Coloque as maçãs sobre a massa. Misture o queijo com a cebola. Espalhe essa mistura sobre as maçãs. Asse por uns 30 a 40 minutos, até a massa ficar cozida.

Dica: não tampe a panela, assim as cebolas ficarão douradas. Não exagere com o queijo, pois correrá o risco da torta se tornar enjoativa.

Curiosidades: os egípcios consideravam a cebola, com seus círculos internos, um símbolo da perfeição. Eles chegaram a venerar de tal forma a cebola que, no início da era cristã, os sacerdotes proibiram seu consumo.

Energia	1.853 kcal	Potássio	1.801 mg	Ác. pantotênico	3 mg
Proteína	46 g	Zinco	4 mg	Vitamina B_6	1 mg
Lipídio	102 g	Cobre	0,4 mg	Folato	174 mcg
Carboidrato	196 g	Selênio	0 mg	Vitamina B_{12}	1,5 mcg
Fibras	25 g	Cromo	0,2 mg	Vitamina A	293 Re
Cálcio	841 mg	Iodo	0 mg	Vitamina D	17 UI
Fósforo	781 mg	Vitamina C	72 mg	Vitamina E	20 mg
Magnésio	107 mg	Tiamina	0,5 mg	Vitamina K	75 mcg
Ferro	4 mg	Riboflavina	0,5 mg	Biotina	0 mcg
Sódio	1.695 mg	Niacina	3 mg	Colesterol	222 mg

* Foto real da receita ao lado

Vagem com tomate

A vagem é originária das Américas, onde era cultivada tanto pelos maias como pelos astecas. Ao cozinhar verduras e legumes é necessário certo cuidado para que continuem crocantes.

Ingredientes
1 pacote de vagem (aproximadamente 250 g)
1 cebola
1 dente de alho
2 tomates
1 colher de sobremesa de óleo
pimenta
sal
3 ramos de manjericão

Rendimento: 2 porções.
Tempo de preparo: 20 minutos.

Limpe as vagens, cortando a ponta e puxando o fio. Corte-as em pedaços de uns 5 cm e cozinhe-as no vapor por uns 8 a 10 minutos. Enquanto isso, aqueça o óleo numa panela e nele refogue a cebola picada e o dente de alho amassado. Junte os tomates cortados em cubinhos. Cozinhe por uns 10 minutos. Adicione as vagens cozidas, tempere com sal, pimenta e as folhas de manjericão picadas. Mexa e sirva imediatamente.

Energia	199 kcal	Potássio	1.264 mg	Ác. pantotênico	1 mg
Proteína	7 g	Zinco	1 mg	Vitamina B_6	0,4 mg
Lipídio	6 g	Cobre	0,4 mg	Folato	117 mcg
Carboidrato	35 g	Selênio	0 mg	Vitamina B_{12}	0 mcg
Fibras	11 g	Cromo	0,1 mg	Vitamina A	371 Re
Cálcio	154 mg	Iodo	0 mg	Vitamina D	0 UI
Fósforo	168 mg	Vitamina C	64 mg	Vitamina E	7 mg
Magnésio	91 mg	Tiamina	0,3 mg	Vitamina K	759 mcg
Ferro	4 mg	Riboflavina	0,3 mg	Biotina	0 mcg
Sódio	614 mg	Niacina	3 mg	Colesterol	0 mg

Sobremesas e refrescos

Ágar-ágar

É uma gelatina japonesa feita de algas marinhas. É incolor, sem sabor e endurece fora da geladeira. Quando se coloca o suco fica da cor do suco e opaca.

Ingredientes
10 g de ágar-ágar
400 ml de água fria
400 ml de um suco de sua preferência
açúcar a gosto

Rendimento: 6 porções.
Tempo de preparo: 15 a 20 minutos.

Em uma panela dissolva a gelatina em água fria. Leve ao fogo médio e deixe ferver por 3 minutos. Adoce. Retire do fogo e incorpore os 400 ml de suco de sua preferência.

Dicas: use um suco bem concentrado senão a gelatina ficará insossa. Você também pode adicionar água e extrato de baunilha. Pode-se substituir o açúcar por adoçante, mas, neste caso, junte o adoçante depois que retirar a gelatina do fogo.

Energia	322 kcal	Potássio	801 mg	Ác. pantotênico	1 mg
Proteína	6 g	Zinco	0,2 mg	Vitamina B_6	0,2 mg
Lipídio	1 g	Cobre	0,2 mg	Folato	121 mcg
Carboidrato	71 g	Selênio	24 mg	Vitamina B_{12}	0 mcg
Fibras	2 g	Cromo	0 mg	Vitamina A	80 Re
Cálcio	44 mg	Iodo	0 mg	Vitamina D	0 UI
Fósforo	68 mg	Vitamina C	200 mg	Vitamina E	1 mg
Magnésio	44 mg	Tiamina	0,4 mg	Vitamina K	0 mcg
Ferro	1 mg	Riboflavina	0,1 mg	Biotina	0 mcg
Sódio	204 mg	Niacina	2 mg	Colesterol	0 mg

Ameixas marmorizadas

Há uma enorme variedade de ameixas diferindo em tamanho, formato e cor. Da mesma forma, há diferentes ameixas secas. Algumas são mais doces e macias, outras mais duras e algumas aciduladas. Escolha a de sua preferência. É uma sobremesa muito fácil de fazer. Escolha ameixas secas sem caroço.

Ingredientes
1 ½ xícara de ameixas secas sem caroço
⅔ de xícara de suco de laranja-pera
1 iogurte desnatado
raspa da casca de 1 laranja

Rendimento: 2 porções.
Tempo de preparo: 10 minutos.

Em uma panela coloque as ameixas picadas com o suco de laranja e leve ao fogo para cozinhar por uns 8 minutos. Deixe esfriar e bata no liquidificador. A seguir, transfira para uma tigela e com a ponta de um garfo misture com o iogurte, mexendo delicadamente, para dar a impressão de marmorização. Leve à geladeira. Na hora de servir, salpique com a raspa da casca de laranja.

Dica: as raspas devem ser da casca de laranja. Não raspe a parte branca porque ela possui um sabor amargo.
Curiosidades: as ameixas secas têm um efeito laxante porque possuem um alto teor de sorbitol. O sorbitol também é um adoçante utilizado em dietas para diabéticos.

Energia	513 kcal	Potássio	1.757 mg	Ác. pantotênico	2 mg
Proteína	17 g	Zinco	3 mg	Vitamina B_6	0,5 mg
Lipídio	5 g	Cobre	0,6 mg	Folato	68 mcg
Carboidrato	109 g	Selênio	6 mg	Vitamina B_{12}	1,5 mcg
Fibras	16 g	Cromo	0,1 mg	Vitamina A	314 Re
Cálcio	537 mg	Iodo	0 mg	Vitamina D	0 UI
Fósforo	478 mg	Vitamina C	65 mg	Vitamina E	0,2 mg
Magnésio	113 mg	Tiamina	0,3 mg	Vitamina K	0 mcg
Ferro	4 mg	Riboflavina	1 mg	Biotina	0 mcg
Sódio	182 mg	Niacina	3 mg	Colesterol	15 mg

Banana *shake*

A banana é uma fruta fantástica. Não precisa lavar – é só descascar e comer. É nutritiva, rica em carboidratos e em potássio.

Ingredientes
1 banana-nanica madura
1 colher de sobremesa de leite em pó desnatado
½ copo de suco de laranja
1 colher de chá de extrato de baunilha
1 pitada de noz-moscada
4 ou 5 cubos de gelo

Rendimento: 1 porção.
Tempo de preparo: 3 minutos.

Coloque todos os ingredientes no liquidificador e bata até obter a consistência de um creme.

Energia	107 kcal	Potássio	477 mg	Ác. pantotênico	0,5 mg
Proteína	3 g	Zinco	0,3 mg	Vitamina B_6	0,4 mg
Lipídio	0,5 g	Cobre	0,1 mg	Folato	37 mcg
Carboidrato	24 g	Selênio	4,5 mg	Vitamina B_{12}	0,2 mcg
Fibras	2 g	Cromo	0 mg	Vitamina A	20 Re
Cálcio	75 mg	Iodo	0 mg	Vitamina D	0 UI
Fósforo	73 mg	Vitamina C	43 mg	Vitamina E	0,3 mg
Magnésio	31 mg	Tiamina	0,1 mg	Vitamina K	0 mcg
Ferro	0,3 mg	Riboflavina	0,2 mg	Biotina	0 mcg
Sódio	28 mg	Niacina	1 mg	Colesterol	1 mg

> " O bem estar e a leveza durante os **jogos** e **práticas esportivas** é o sintoma de uma **boa** e correta **alimentação** "
>
> Oscar Schimidt

Bolo de banana

A banana pode ser ingerida crua ou cozida de várias maneiras. Quer coisa mais gostosa do que farofa de banana com peixe assado? E bolo de banana então? Há inúmeras receitas. Essa é apenas mais uma.

Ingredientes
4 bananas-nanicas grandes e maduras
1 xícara de açúcar
60 g de manteiga ou margarina amolecida
1 xícara de farinha de trigo
1 xícara de farinha de trigo integral
1 colher de chá de essência de baunilha
1 colher de sobremesa (bem cheia) de fermento em pó
3 ovos
1 xícara de passas brancas sem semente
1 xícara de leite

Para a cobertura
1 colher de sopa de açúcar
1 pitada de sal
1 colher de sopa de chocolate em pó
1 colher de sobremesa de canela em pó
2 colheres de sopa de farinha
1 colher de sopa de manteiga

Rendimento: de 6 a 8 porções
Tempo de preparo: 20 minutos.

Comece preparando a cobertura. Misture o açúcar com o chocolate, a canela e a farinha. Acrescente a manteiga até formar uma farofa. Reserve. Unte e polvilhe com farinha uma forma refratária.

Bata a manteiga com o açúcar e o sal. Sempre batendo acrescente os ovos, um a um, o leite, a baunilha e a farinha de trigo. A seguir, junte duas bananas cortadas em rodelas e as passas polvilhadas com farinha. E por último acrescente o fermento. Misture bem e transfira para a forma refratária. Coloque sobre a massa as duas bananas restantes também cortadas em rodelas. E por cima espalhe a cobertura. Leve ao forno e asse por uns 30 minutos.

Energia	3.038 kcal	Potássio	2.845 mg	Ác. pantotênico	4 mg
Proteína	57 g	Zinco	4 mg	Vitamina B$_6$	2 mg
Lipídio	82 g	Cobre	1 mg	Folato	171 mcg
Carboidrato	539 g	Selênio	10 mg	Vitamina B$_{12}$	3 mcg
Fibras	16 g	Cromo	0,1 mg	Vitamina A	954 Re
Cálcio	432 mg	Iodo	0 mg	Vitamina D	4 UI
Fósforo	899 mg	Vitamina C	34 mg	Vitamina E	31 mg
Magnésio	168 mg	Tiamina	0,6 mg	Vitamina K	0 mcg
Ferro	9 mg	Riboflavina	1 mg	Biotina	0 mcg
Sódio	331 mg	Niacina	5 mg	Colesterol	855 mg

* Foto real da receita ao lado

Bolo de chocolate da titia

Essa receita de bolo de chocolate é imbatível. É uma receita de família. Fácil de fazer e nunca dá errado. O surpreendente é a pouca quantidade de manteiga e açúcar. Detalhe importante: nesse bolo não vai fermento.

Ingredientes
180 g de chocolate meio amargo
90 g de açúcar
90 g de farinha
100 ml de café
3 gemas
4 claras

Rendimento: 6 porções
Tempo de preparo: 45 minutos.

Prepare uma xícara de café bem forte. Pique o chocolate e ponha-o numa panela para derreter com o café. Retire do fogo. Acrescente a manteiga amolecida, as gemas, o açúcar e a farinha. Por último, bata as claras em neve bem firme e incorpore-as à massa. Coloque numa forma refratária untada e polvilhada e leve ao forno médio por uns 20 ou 25 minutos.

Dica: você pode substituir o café por leite. As formas refratárias evitam que o bolo fique muito seco nas bordas e mal cozido no centro.

Energia	1.752 kcal	Potássio	922 mg	Ác. pantotênico	3 mg
Proteína	38 g	Zinco	2 mg	Vitamina B_6	0,2 mg
Lipídio	78 g	Cobre	0 mg	Folato	98 mcg
Carboidrato	247 g	Selênio	0 mg	Vitamina B_{12}	2 mcg
Fibras	4 g	Cromo	0 mg	Vitamina A	281 Re
Cálcio	159 mg	Iodo	0 mg	Vitamina D	61 UI
Fósforo	608 mg	Vitamina C	0 mg	Vitamina E	2 mg
Magnésio	24 mg	Tiamina	0,2 mg	Vitamina K	38 mcg
Ferro	9 mg	Riboflavina	0,7 mg	Biotina	0 mcg
Sódio	234 mg	Niacina	2 mg	Colesterol	817 mg

Bolo de coco

O coco é uma planta que cresce em praticamente todos os países tropicais. É muito usado na cozinha asiática, africana e caribenha. Para preparar esse bolo escolha coco ralado com baixo ou, pelo menos, médio teor de gordura.

Ingredientes
80 g de farinha de trigo
80 g de farinha de trigo integral
2 ovos
120 ml de leite
90 g de açúcar
casca ralada de 1 limão
suco de 1 limão
3 colheres de sopa de margarina líquida
60 g de coco ralado desidratado
1 colher de chá de canela em pó
2 colheres de chá de fermento em pó

Rendimento: 6 porções.
Tempo de preparo: 20 minutos.

Aqueça o forno. Coloque as farinhas e o açúcar numa tigela. Numa outra tigela bata os ovos com o leite e a manteiga. Verta no centro da mistura da farinha. Bata bem. Acrescente o coco, a canela, o suco e a casca do limão. Por último, coloque o fermento e misture bem. Transfira para uma forma de bolo untada e polvilhada e leve ao forno para assar por uns 30 minutos.

Energia	1.832 kcal	Potássio	858 mg	Ác. pantotênico	3 mg
Proteína	35 g	Zinco	3 mg	Vitamina B_6	0,4 mg
Lipídio	85 g	Cobre	0,5 mg	Folato	80 mcg
Carboidrato	238 g	Selênio	6 mg	Vitamina B_{12}	2 mcg
Fibras	13 g	Cromo	0 mg	Vitamina A	647 Re
Cálcio	260 mg	Iodo	0 mg	Vitamina D	0 UI
Fósforo	563 mg	Vitamina C	14 mg	Vitamina E	21 mg
Magnésio	82 mg	Tiamina	0,3 mg	Vitamina K	0 mcg
Ferro	5 mg	Riboflavina	0,6 mg	Biotina	0 mcg
Sódio	238 mg	Niacina	2 mg	Colesterol	550 mg

* Foto real da receita ao lado

Cereal matinal

Evite comprar cereais matinais industrializados totalmente prontos, porque geralmente contêm uma grande quantidade de açúcar e lipídios (gorduras). Prepare o seu próprio cereal com os ingredientes de sua preferência.

Ingredientes

250 g de aveia em flocos grossos
200 g de germe de trigo tostado
90 g de flocos de milho sem açúcar
60 g de All-Bran
90 g de frutas secas de sua preferência picadas (passas, bananas, pêssegos, tâmaras, damascos)
100 g de castanhas-do-pará picadas

Rendimento: aproximadamente 700 g de cereal.
Tempo de preparo: 10 minutos.

Combine todos os ingredientes. Guarde-os em vidros fechados.

Dica: esses cereais ficam ótimos com banana amassada ou com iogurte.

Energia	2.767 kcal	Potássio	2.751 mg	Ác. Pantotênico	3 mg
Proteína	73 g	Zinco	18 mg	Vitamina B_6	8 mg
Lipídio	82 g	Cobre	3 mg	Folato	1.294 mcg
Carboidrato	480 g	Selênio	0,6 mg	Vitamina B_{12}	0 mcg
Fibras	56 g	Cromo	0,1 mg	Vitamina A	4.269 Re
Cálcio	1.460 mg	Iodo	0 mg	Vitamina D	107 UI
Fósforo	2.524 mg	Vitamina C	82 mg	Vitamina E	4 mg
Magnésio	764 mg	Tiamina	69 mg	Vitamina K	0 mcg
Ferro	72 mg	Riboflavina	52 mg	Biotina	0 mcg
Sódio	3.252 mg	Niacina	6.605 mg	Colesterol	0 mg

* Foto real da receita ao lado

Chá gelado

É uma receita muito simples, mas necessária porque muitas pessoas preparam o chá gelado de uma maneira demorada. Preparam um litro de chá que deixam esfriar e depois colocam na geladeira! Então aqui está uma maneira mais rápida para se preparar chá gelado.

Ingredientes
1 xícara de chá de sua preferência bem concentrado
3 xícaras de gelo em cubos
suco de 1 limão
1 boa pitada de sal
1 colher de sobremesa de açúcar

Rendimento: 2 porções.
Tempo de preparo: 5 minutos.

Ponha uma xícara de água para ferver. Quando estiver fervendo, prepare o chá bem concentrado. O chá deve ficar bem forte. A seguir, ponha o gelo na jarra e derrame sobre ele o seu chá. Acrescente o limão, o sal e o açúcar.

Dica: se os chás forem de sabor especial (framboesa, pêssego etc.) não acrescente nem açúcar, nem sal, nem limão.

Energia	45 kcal	Potássio	84 mg	Ác. pantotênico	0 mg
Proteína	0,1 g	Zinco	0 mg	Vitamina B_6	0 mg
Lipídio	0 g	Cobre	0 mg	Folato	11 mcg
Carboidrato	12 g	Selênio	0,1 mg	Vitamina B_{12}	0 mcg
Fibras	0 g	Cromo	0 mg	Vitamina A	0,4 Re
Cálcio	1,4 mg	Iodo	0 mg	Vitamina D	0 UI
Fósforo	3 mg	Vitamina C	9 mg	Vitamina E	0 mg
Magnésio	6 mg	Tiamina	0 mg	Vitamina K	0 mcg
Ferro	0 mg	Riboflavina	0 mg	Biotina	0 mcg
Sódio	5 mg	Niacina	0 mg	Colesterol	0 mg

* Foto real da receita ao lado

CREME DE PAPAIA

Para essa sobremesa a papaia deve estar bem madura. Já experimentei com outras frutas, mas o melhor resultado é com a papaia mesmo. O queijo *cottage* deve estar bem fresco.

Ingredientes
1 papaia grande e bem madura
2 colheres de sopa de queijo tipo *cottage*
2 colheres de sobremesa de leite em pó desnatado
¼ de copo de água gelada

Rendimento: 2 porções.
Tempo de preparo: 5 minutos.

Em um liquidificador coloque a água, o queijo *cottage*, o leite em pó e a papaia descascada e cortada em pedaços. Bata até obter um creme.

Dicas: o queijo *cottage* pode ser substituído por ricota fresca. Sempre coloque os ingredientes líquidos no fundo do copo do liquidificador porque fica mais fácil batê-los.

Energia	169 kcal	Potássio	822 mg	Ác. pantotênico	1 mg
Proteína	11 g	Zinco	0,6 mg	Vitamina B_6	0,1 mg
Lipídio	2 g	Cobre	0 mg	Folato	5 mcg
Carboidrato	30 g	Selênio	0 mg	Vitamina B_{12}	0,4 mcg
Fibras	2 g	Cromo	0 mg	Vitamina A	503 Re
Cálcio	186 mg	Iodo	0 mg	Vitamina D	0 UI
Fósforo	109 mg	Vitamina C	155 mg	Vitamina E	0 mg
Magnésio	36 mg	Tiamina	0,1 mg	Vitamina K	0 mcg
Ferro	0,3 mg	Riboflavina	0,2 mg	Biotina	0 mcg
Sódio	170 mg	Niacina	1 mg	Colesterol	7 mg

Doce de abóbora

A abóbora é um alimento rico em betacaroteno. Ela também possui muitas fibras. Há vários tipos de abóbora no mercado. Algumas soltam mais água do que outras, mas qualquer uma delas serve para preparar esse doce.

Ingredientes
300 g de abóbora
3 pedaços de canela
3 cravos-da-Índia
2 colheres de sopa de açúcar
50 g de coco desidratado (opcional)

Rendimento: 3 porções.
Tempo de preparo: 30 minutos.

Descasque a abóbora e corte-a em pedaços de tamanho médio. Em uma panela antiaderente, coloque os pedaços de abóbora. A seguir, acrescente os demais ingredientes. Ponha para cozinhar em fogo médio. A abóbora solta água, mas se for preciso acrescente um pouco de água. Com uma colher de pau mexa. Quando a abóbora estiver cozida ela começará a desmanchar. Retire do fogo e deixe esfriar. Transfira para uma vasilha. Se quiser retire os pedaços de canela e os cravos. Guarde na geladeira.

Dica: muitas vezes não coloco o coco, e nos últimos minutos de cozimento acrescento um pouco de noz-moscada ralada.

Energia	506 kcal	Potássio	962 mg	Ác. pantotênico	1 mg
Proteína	6 g	Zinco	2 mg	Vitamina B_6	0,3 mg
Lipídio	32 g	Cobre	1 mg	Folato	30 mcg
Carboidrato	57 g	Selênio	0 mg	Vitamina B_{12}	0 mcg
Fibras	12 g	Cromo	0 mg	Vitamina A	324 Re
Cálcio	58 mg	Iodo	0 mg	Vitamina D	0 UI
Fósforo	193 mg	Vitamina C	15 mg	Vitamina E	0 mg
Magnésio	72 mg	Tiamina	0,1 mg	Vitamina K	0 mcg
Ferro	3 mg	Riboflavina	0,3 mg	Biotina	0 mcg
Sódio	22 mg	Niacina	1,5 mg	Colesterol	0 mg

Lassi clássico

Lassi é um refresco típico da culinária indiana. É preparado com iogurte, água bem gelada e hortelã.

Ingredientes
200 ml de iogurte natural desnatado
400 ml de água gelada
suco de ½ limão
1 colher de sopa de hortelã picada

Rendimento: 2 porções.
Tempo de preparo: 5 minutos.

Coloque todos os ingredientes no liquidificador e bata por alguns minutos. Sirva imediatamente.

Energia	129 kcal	Potássio	480 mg	Ác. pantotênico	1 mg
Proteína	10 g	Zinco	2 mg	Vitamina B_6	0,1 mg
Lipídio	3 g	Cobre	0 mg	Folato	24 mcg
Carboidrato	15 g	Selênio	0 mg	Vitamina B_{12}	1 mcg
Fibras	0 g	Cromo	0 mg	Vitamina A	32 Re
Cálcio	366 mg	Iodo	0 mg	Vitamina D	0 UI
Fósforo	288 mg	Vitamina C	6 mg	Vitamina E	0 mg
Magnésio	35 mg	Tiamina	0,1 mg	Vitamina K	0 mcg
Ferro	0,2 mg	Riboflavina	0,4 mg	Biotina	0 mcg
Sódio	140 mg	Niacina	0,2 mg	Colesterol	12 mg

> "Cortar hábitos culturais é difícil. Se o hábito incluir a **sobremesa**, prefira as compotas. São doces interessantes, pois apresentam os nutrientes das **frutas e menores quantidades de gorduras.**"
>
> Jamile Maria Sallum De Lacerda

Manga *lassi*

É uma das variações no preparo de *lassi*. A manga é uma fruta muito utilizada na culinária indiana. Para preparar esse suco, escolha mangas bem maduras.

Ingredientes
200 ml de iogurte desnatado
400 ml de água bem gelada
200 g de manga madura
3 colheres de sobremesa de suco de limão

Rendimento: 4 porções.
Tempo de preparo: 5 minutos.

Descasque a manga e corte-a em pedaços (tome cuidado para não perder o caldo da manga). Em um liquidificador coloque a água, o iogurte, o limão e os pedaços de manga e o caldo que escorreu. Bata tudo e sirva imediatamente.

Dica: você pode preparar esse refresco com uma infinidade de frutas como abacaxi, morango, bananas, papaia etc.

Energia	264 kcal	Potássio	817 mg	Ác. pantotênico	1 mg
Proteína	12 g	Zinco	2 mg	Vitamina B_6	0,4 mg
Lipídio	4 g	Cobre	0,2 mg	Folato	26 mcg
Carboidrato	51 g	Selênio	0 mg	Vitamina B_{12}	1 mcg
Fibras	5 g	Cromo	0 mg	Vitamina A	811 Re
Cálcio	387 mg	Iodo	0 mg	Vitamina D	0 UI
Fósforo	311 mg	Vitamina C	71 mg	Vitamina E	0 mg
Magnésio	55 mg	Tiamina	0,2 mg	Vitamina K	0 mcg
Ferro	0,4 mg	Riboflavina	0,5 mg	Biotina	0 mcg
Sódio	145 mg	Niacina	1 mg	Colesterol	12 mg

> "Quando pensamos nas doenças como o diabetes, a **pressão alta** e o colesterol alto, é claro que a **dieta** e a abordagem dos exercícios terão de ser especiais, mas para grande parte da população as **orientações gerais são suficientes.**" Dr. Paulo Zogaib

Mingau de aveia

Esse mingau de aveia quente com leite frio num dia invernal é uma delícia! O mingau de aveia era um alimento básico da dieta dos camponeses pobres na Escócia, nos meses de inverno. Basicamente, esse mingau é uma mistura de aveia em flocos e água cozida até engrossar.

Ingredientes
250 ml de água
60 g de aveia em flocos médios
1 pitada de sal
açúcar (opcional)
canela em pó (opcional)
leite frio

Rendimento: 1 porção.
Tempo de preparo: 5 minutos.

Em uma panela de fundo grosso coloque a água e leve-a para ferver. Assim que começar a ferver, acrescente a aveia e, com uma colher de pau, mexa. Ao recomeçar a ferver, diminua o fogo, tampe a panela e cozinhe em fogo brando por uns 10 minutos. Retire do fogo e transfira para um prato de sopa. Se quiser salpique com canela e um pouco de açúcar. Por fim, verta um pouco de leite frio.

Energia	294 kcal	Potássio	307 mg	Ác. pantotênico	1 mg
Proteína	9 g	Zinco	1,5 mg	Vitamina B_6	1 mg
Lipídio	3 g	Cobre	0,1 mg	Folato	235 mcg
Carboidrato	58 g	Selênio	0 mg	Vitamina B_{12}	0,3 mcg
Fibras	6 g	Cromo	0 mg	Vitamina A	784 Re
Cálcio	360 mg	Iodo	0 mg	Vitamina D	0 UI
Fósforo	275 mg	Vitamina C	1 mg	Vitamina E	1 mg
Magnésio	66 mg	Tiamina	1 mg	Vitamina K	0 mcg
Ferro	10 mg	Riboflavina	0,6 mg	Biotina	0 mcg
Sódio	415 mg	Niacina	9 mg	Colesterol	1 mg

Morango e menta

Morangos são extremamente ricos em vitamina C – possuem mais vitamina C do que a laranja. Por esse motivo, vale a pena consumi-los embora, muitas vezes, tenham pouco sabor.

Ingredientes
2 xícaras de morangos limpos e cortados em pedaços
200 ml de iogurte natural desnatado
suco de ½ laranja
1 colher de sobremesa de mel
1 colher de sopa de hortelã fresca picada

Rendimento: 3 porções.
Tempo de preparo: 5 minutos.

Coloque no liquidificador todos os ingredientes, exceto a hortelã. Bata-os. A seguir, transfira para uma tigela, misture com a hortelã e sirva gelado.

Energia	240 kcal	Potássio	857 mg	Ác. pantotênico	2 mg
Proteína	12 g	Zinco	2 mg	Vitamina B_6	0,2 mg
Lipídio	4 g	Cobre	0,1 mg	Folato	65 mcg
Carboidrato	42 g	Selênio	1,5 mg	Vitamina B_{12}	1 mcg
Fibras	4 g	Cromo	0 mg	Vitamina A	43 Re
Cálcio	397 mg	Iodo	0 mg	Vitamina D	0 UI
Fósforo	330 mg	Vitamina C	128 mg	Vitamina E	0,6 mg
Magnésio	58 mg	Tiamina	0,1 mg	Vitamina K	0 mcg
Ferro	1 mg	Riboflavina	0,6 mg	Biotina	0 mcg
Sódio	143 mg	Niacina	1 mg	Colesterol	12 mg

Morango com pimenta

Parece estranho, mas combina bem. A melhor maneira de limpar o morango é lavá-lo, deixá-lo numa solução de água com bactericida, enxugá-lo e só depois retirar o pedúnculo.

Ingredientes
2 xícaras de morangos
½ xícara de açúcar cristal
1 pimenta vermelha

Rendimento: 2 porções.
Tempo de preparo: 10 minutos.

Retire as sementes da pimenta e pique-a. Misture com o açúcar e deixe macerar por uns 10 minutos. Junte os morangos, mexa bem e sirva.

Energia	337 kcal	Potássio	334 mg	Ác. pantotênico	1 mg
Proteína	1 g	Zinco	0,3 mg	Vitamina B_6	0,1 mg
Lipídio	1 g	Cobre	0,1 mg	Folato	35 mcg
Carboidrato	86 g	Selênio	0 mg	Vitamina B_{12}	0 mcg
Fibras	4 g	Cromo	0 mg	Vitamina A	6 Re
Cálcio	28 mg	Iodo	0 mg	Vitamina D	0 UI
Fósforo	38 mg	Vitamina C	113 mg	Vitamina E	0,5 mg
Magnésio	20 mg	Tiamina	0 mg	Vitamina K	0 mcg
Ferro	1 mg	Riboflavina	0,1 mg	Biotina	0 mcg
Sódio	3 mg	Niacina	0,5 mg	Colesterol	0 mg

> "O que define se uma **proteína é boa** é o seu valor biológico"
> Dr. Paulo Zogaib

Pera-surpresa

A pera é uma das frutas mais versáteis que existe. Há uma grande variedade delas: duras, macias, arenosas etc. Para essa sobremesa escolha de preferência peras tipo William, mas se não encontrar, use um outro tipo. O álcool evapora durante o cozimento.

Ingredientes
2 peras chilenas grandes
200 ml de vinho branco doce
2 cravos
3 pedaços de canela
100 g de açúcar
90 g de morangos maduros, limpos e lavados
90 g de pêssego em calda escorrido
120 g de *frozen* iogurte do seu sabor favorito
suco de ½ limão

Rendimento: 2 porções.
Tempo de preparo: 30 minutos.

Lave e descasque as peras e, cortando por baixo, esvazie o miolo e retire as sementes. Em uma panela, coloque o vinho, o suco de limão, metade do açúcar, os cravos, os pedaços de canela e as peras e cozinhe tudo isso, até as peras ficarem macias (cerca de 10 minutos). Enquanto isso, bata os morangos com 30 g de açúcar até formar um creme e os pêssegos com 20 g de açúcar. Retire as peras do fogo e deixe-as esfriar. No fundo de um prato, coloque o creme de pêssego e uma bola de *frozen* iogurte. Faça de 4 a 6 cortes nas peras no sentido longitudinal, mas não destaque os gomos. Coloque-a sobre o iogurte e, a seguir, espalhe por cima o creme de morango.

Energia	914 kcal	Potássio	1.118 mg	Ác. pantotênico	1 mg
Proteína	9 g	Zinco	2 mg	Vitamina B_6	0,2 mg
Lipídio	4 g	Cobre	0,5 mg	Folato	58 mcg
Carboidrato	191 g	Selênio	0 mg	Vitamina B_{12}	1 mcg
Fibras	11 g	Cromo	0,1 mg	Vitamina A	59 Re
Cálcio	286 mg	Iodo	0 mg	Vitamina D	0 UI
Fósforo	263 mg	Vitamina C	73 mg	Vitamina E	0,2 mg
Magnésio	71 mg	Tiamina	0,2 mg	Vitamina K	0 mcg
Ferro	3 mg	Riboflavina	0,5 mg	Biotina	1 mcg
Sódio	105 mg	Niacina	1 mg	Colesterol	7 mg

Pudim de semolina

A semolina ou farinha de sêmola pode ser comprada em moagem fina, média e grossa e é usada no preparo de nhoques (veja receita), pães, pudins e bolos (principalmente no Oriente Médio e Índia). No Norte da África, o cuscuz é preparado com sêmola e o macarrão italiano também é feito com sêmola.

Ingredientes
½ ℓ de leite desnatado
5 colheres de sopa de semolina (média ou fina)
20 g de manteiga
1 ovo
2 colheres de sobremesa de açúcar
1 pitada de noz-moscada
a casca ralada e o caldo de 1 limão
canela para polvilhar

Rendimento: 4 porções.
Tempo de preparo: 40 minutos.

Aqueça o leite. Quando estiver fervendo despeje a semolina e mexa bem até engrossar – demora uns 5 minutos. Retire do fogo, acrescente a manteiga, a gema do ovo, o limão e o açúcar. Bata a clara em neve e incorpore-a na mistura. Coloque num pirex untado e polvilhe com canela. Asse em fogo médio por uns 20 minutos.

Dica: se você tem problemas de colesterol, bata duas claras e descarte a gema.

Energia	807 kcal	Potássio	931 mg	Ác. pantotênico	2,5 mg
Proteína	31 g	Zinco	3 mg	Vitamina B_6	0,3 mg
Lipídio	23 g	Cobre	0 mg	Folato	62 mcg
Carboidrato	104 g	Selênio	3 mg	Vitamina B_{12}	3 mcg
Fibras	0 g	Cromo	0 mg	Vitamina A	383 Re
Cálcio	652 mg	Iodo	0 mg	Vitamina D	6 UI
Fósforo	601 mg	Vitamina C	17 mg	Vitamina E	1 mg
Magnésio	65 mg	Tiamina	0,2 mg	Vitamina K	0 mcg
Ferro	1 mg	Riboflavina	1 mg	Biotina	0 mcg
Sódio	329 mg	Niacina	0,5 mg	Colesterol	327 mg

Sete cereais doce

Esta é uma boa maneira de consumir cereais integrais. Esta receita se conserva por vários dias na geladeira. A castanha-do-pará é rica em selênio – famosa por suas qualidades antioxidantes.

Ingredientes
1 xícara de 7 cereais integrais
1 pitada de sal
200 ml de iogurte desnatado
2 colheres de sopa de açúcar
1 colher de sopa de castanhas-do-pará picadas (opcional)
1 colher de sopa de uvas-passas brancas
1 colher de chá de canela em pó
1 colher de café de noz-moscada
1 xícara de frutas da estação como morango

Rendimento: 4 porções.
Tempo de preparo: 30 minutos.

Em uma panela de pressão, coloque os cereais com água e uma pitada de sal. Assim que começar a ferver, diminua o fogo e cozinhe por uns 8 minutos. Coloque a panela de pressão sob água fria. A seguir, escorra os cereais. Deixe esfriar. Misture o iogurte com o açúcar, a canela e a noz-moscada. Assim que os cereais estiverem frios, misture o iogurte e acrescente os demais ingredientes.

Dica: você pode cozinhar os sete cereais, deixar esfriar e colocar na geladeira. Na hora de comer, misture uma porção dos cereais com os demais ingredientes, mas em menor quantidade. Se quiser substitua o açúcar por mel.

Energia	518 kcal	Potássio	830 mg	Ác. pantotênico	1,5 mg
Proteína	17 g	Zinco	3 mg	Vitamina B_6	0,2 mg
Lipídio	14 g	Cobre	0,4 mg	Folato	41 mcg
Carboidrato	85 g	Selênio	0 mg	Vitamina B_{12}	1 mcg
Fibras	5 g	Cromo	0 mg	Vitamina A	35 Re
Cálcio	412 mg	Iodo	0 mg	Vitamina D	0 UI
Fósforo	409 mg	Vitamina C	59 mg	Vitamina E	0,3 mg
Magnésio	83 mg	Tiamina	0,3 mg	Vitamina K	0 mcg
Ferro	1 mg	Riboflavina	0,5 mg	Biotina	0 mcg
Sódio	144 mg	Niacina	1 mg	Colesterol	12 mg

Sobremesa dourada

É das sobremesas que a Silvia gosta: tudo batido no liquidificador e depois direto para o forno.

Ingredientes
60 g de coco ralado, desidratado e com médio teor de gordura
3 ovos grandes
3 colheres de sopa de açúcar
30 g de queijo parmesão ralado
3 colheres de sopa de farinha de trigo
1 colher de sopa de manteiga
200 ml de leite
1 colher de sobremesa de fermento

Rendimento: 4 porções.
Tempo de preparo: 30 minutos.

Coloque no liquidificador os ovos com o leite, o açúcar, a farinha e a manteiga e bata. A seguir, acrescente o coco, o queijo e o fermento e bata novamente.

Coloque numa travessa refratária untada e polvilhada e leve ao forno quente por uns 20 minutos.

Dica: procure comprar o coco com baixo ou médio teor de gordura.

Energia	1.320 kcal	Potássio	942 mg	Ác. pantotênico	4 mg
Proteína	47 g	Zinco	4 mg	Vitamina B_6	0,4 mg
Lipídio	76 g	Cobre	0,5 mg	Folato	113 mcg
Carboidrato	118 g	Selênio	10 mg	Vitamina B_{12}	3 mcg
Fibras	10 g	Cromo	0 mg	Vitamina A	356 Re
Cálcio	735 mg	Iodo	0 mg	Vitamina D	4 UI
Fósforo	871 mg	Vitamina C	3 mg	Vitamina E	2 mg
Magnésio	95 mg	Tiamina	0,3 mg	Vitamina K	0 mcg
Ferro	6 mg	Riboflavina	1 mg	Biotina	0 mcg
Sódio	845 mg	Niacina	1 mg	Colesterol	877 mg

Suco vitaminado

É um suco nutritivo e serve para aqueles que não gostam de engolir nada sólido logo cedo.

Ingredientes
2 folhas de alface
suco de 1 laranja
½ papaia
1 colher de sobremesa de aveia
1 copo de água gelada

Rendimento: 1 porção.
Tempo de preparo: 5 minutos.

Bata todos os ingredientes no liquidificador e está pronto o seu suco matinal.

Energia	89 kcal	Potássio	434 mg	Ác. pantotênico	0,4 mg
Proteína	2 g	Zinco	0,2 mg	Vitamina B_6	0,2 mg
Lipídio	0,5 g	Cobre	0,1 mg	Folato	42 mcg
Carboidrato	21 g	Selênio	3 mg	Vitamina B_{12}	0 mcg
Fibras	2 g	Cromo	0 mg	Vitamina A	324 Re
Cálcio	65 mg	Iodo	0 mg	Vitamina D	0 UI
Fósforo	35 mg	Vitamina C	96 mg	Vitamina E	0,3 mg
Magnésio	23 mg	Tiamina	0,2 mg	Vitamina K	15 mcg
Ferro	1 mg	Riboflavina	0,1 mg	Biotina	0 mcg
Sódio	39 mg	Niacina	1 mg	Colesterol	0 mg

> *Nenhuma* **dieta** *que faça restrições* **exageradas** *trará algum benefício.*
> Jamile Maria Sallum De Lacerda

Lise Aron

Descendente de franceses, mas contradizendo seus antepassados, só aprendeu a cozinhar quando saiu de casa. Morando sozinha, a necessidade falou mais alto. Estudou os ingredientes e pratos das várias regiões brasileiras.

Nos anos 1980, viveu na Inglaterra, e lá descobriu a culinária de outras culturas, novos temperos, novos pratos. Assim, aperfeiçoou sua maneira de cozinhar.

Desde de que voltou ao Brasil, trabalha como consultora de culinária. Escreveu dois livros: *Na Medida Certa* e *Sabor e Vida*.

Seu interesse por alimentação e esporte foi despertado quando, na década de 1990, ingressou em uma equipe de natação e começou a participar de campeonatos de natação *masters*.

Colaboradoras

Ana Clara Fabrino

Pesquisadora e jornalista, dedica-se à pesquisa de conteúdo e opinião, especialmente para o setor cultural e de informação.

Cássia M. de Toledo Bergamaschi

Pós-doutora pela Unifesp e pela *Universita degli Studi di Milano* (Itália), doutora e mestre pela Unifesp. Professora-adjunta do Departamento de Fisiologia da Unifesp.

Claudia de O. G. Mendonça

Mestre, nutricionista. especialista em Saúde, Nutrição e Alimentação Infantil pela Escola Paulista de Medicina (Unifesp).

SOBRE O LIVRO
Formato: 24 × 17 cm
Mancha: 19,7 × 13,2 cm
Papel: Couché 115 g
nº páginas: 240
1ª edição 2011

EQUIPE DE REALIZAÇÃO

Edição
Ana Clara Fabrino Batista

Edição de texto
Nathalia Ferrarezi (Assistente-editorial)
Maria Aparecida F. M. Bussolotti (Estabelecimento de texto)
Jaqueline Lima (Preparação e copidesque)
Beatriz de Freitas Moreira e OK Linguística (Revisão)

Editoração eletrônica
Fabiana Tamashiro (Projeto gráfico, diagramação e capa)
Fernando Paes (Fotografia)

Impressão
Intergraf